친애하는
나의 시골에게

친애하는 나의 시골에게
어쩌다 읍·면·리 주민 마을을 걷다, 사람을 만나다

초판 1쇄 발행 2024년 12월 23일

지은이 이소영
펴낸이 장길수
펴낸곳 지식과감성#
출판등록 제2012-000081호

교정 주경민
디자인 및 편집 지식과감성#
검수 이주연
마케팅 김윤길, 정은혜

주소 서울시 금천구 벚꽃로298 대륭포스트타워6차 1212호
전화 070-4651-3730~4
팩스 070-4325-7006
이메일 ksbookup@naver.com
홈페이지 www.knsbookup.com

ISBN 979-11-392-2329-3(03810)
값 16,700원

- 이 책의 판권은 지은이에게 있습니다.
- 이 책 내용의 전부 또는 일부를 재사용하려면 반드시 지은이의 서면 동의를 받아야 합니다.
- 잘못된 책은 구입하신 곳에서 바꾸어 드립니다.

지식과감성#
홈페이지 바로가기

 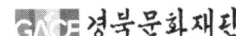

이 자료집은 2024 경북문화재단 지역문화예술활성화지원사업 보조금을 받아 제작되었습니다.

친애하는
나의 시골에게

글·사진 이소영

어쩌다 읍·면·리 주민
마을을 걷다, 사람을 만나다

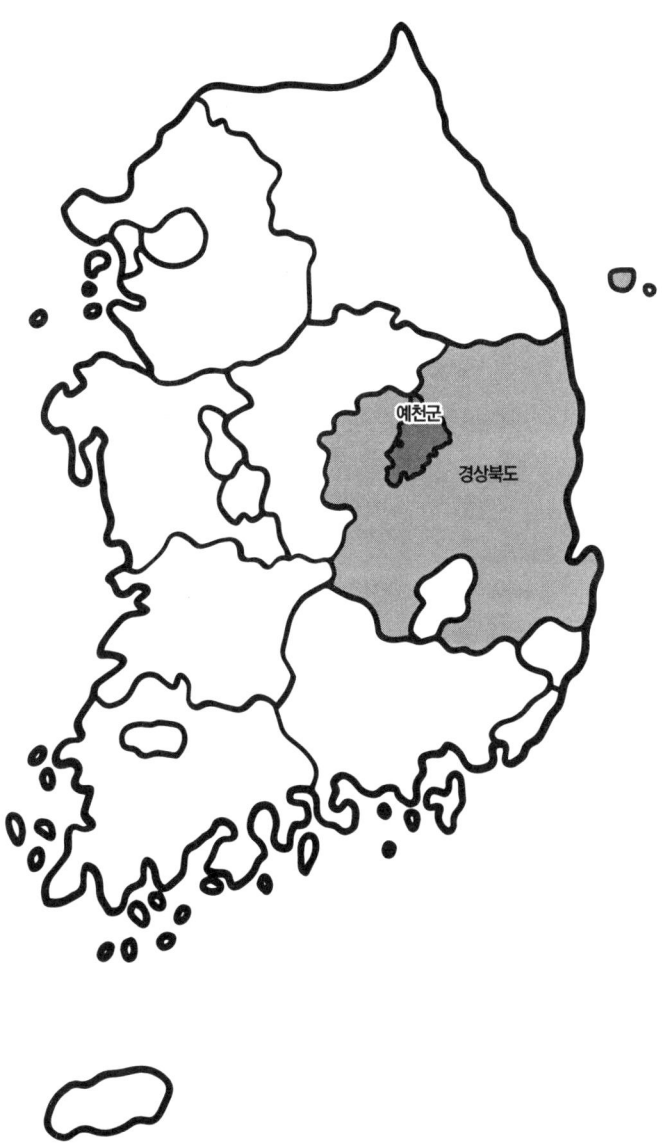

경북 내 예천 위치

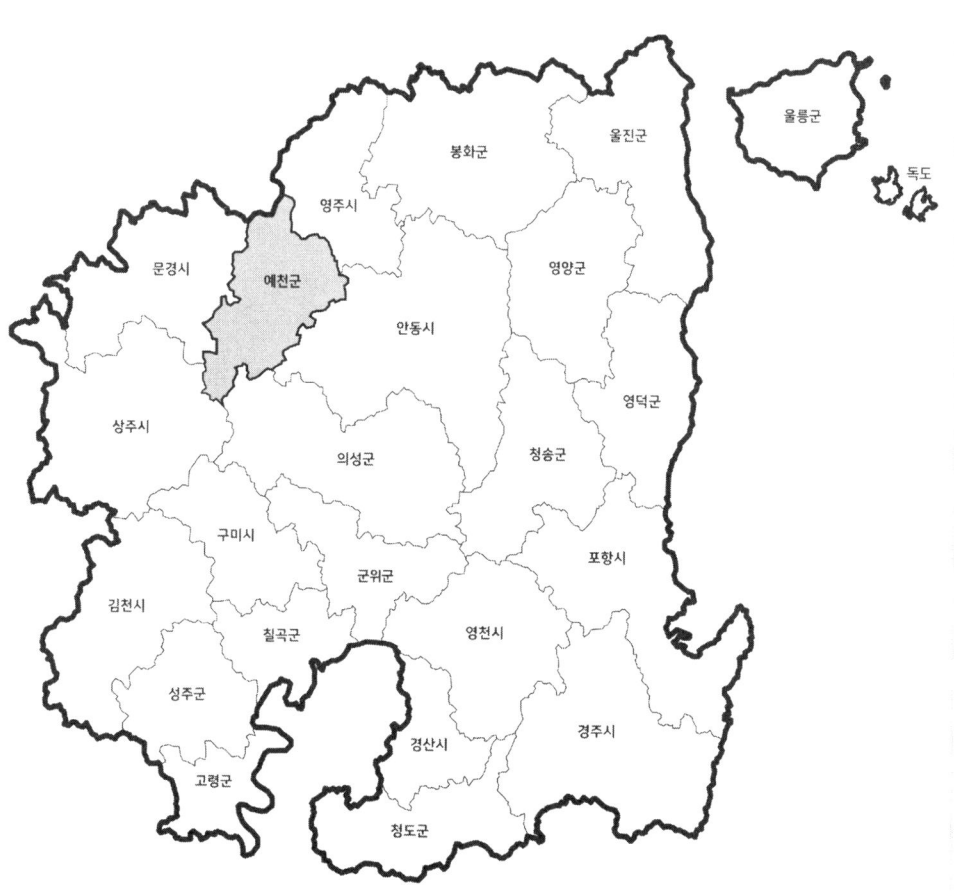

예천 읍·면 위치

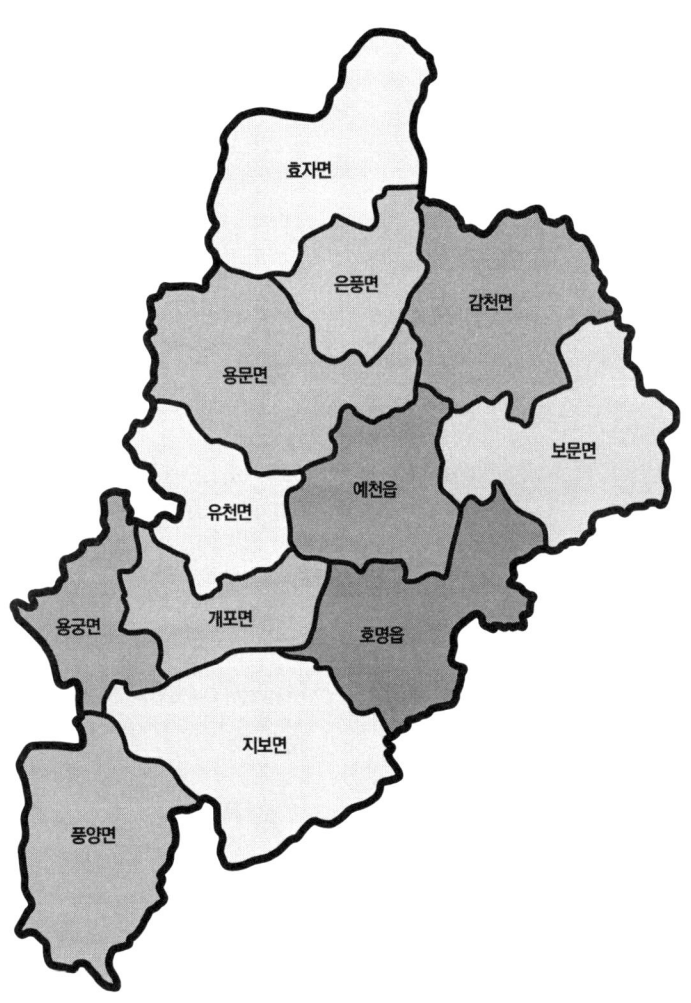

예천군 풍경 일러스트

예천읍 풍경 일러스트

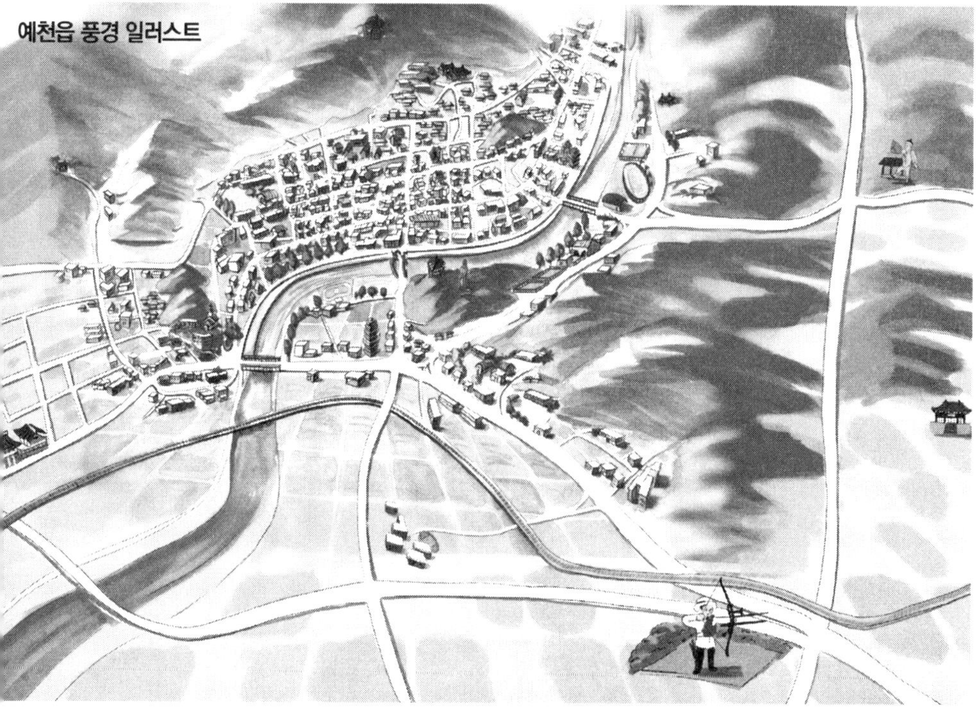

일러스트레이터 최은지, 스태리어스, @starry.us_ezc

목차

프롤로그 어느 날, 민증에 '읍·면·리'가 찍혔다   10

PART 1   작은 여행의 시작: 하루쯤 시골 산책

예천 읍내에 가득, 일하는 어르신!   18
냉이 캐는 할머니의 아우라   22
'별일 없었니껴?' 사투리를 듣는 자세   27
할머니 패션 구경, 어디서? 시골 버스 안에서   31
얼떨결에 예천향교 제사 구경   35
여기도 빗자루, 저기도 빗자루   39
운동 후 보자기 펴 놓고 들밥을 먹습니다   43
낮에 막걸리 한잔이 허용되는 곳   51
시골 카페서 호박씨 까던 오후   58
'전국노래자랑' 예천에 착륙했다!   65
순환자원 회수로봇이 호명읍에?   69
읍에서 만난 엄마, 공주쌤들… 우리는 웃고 또 울었다   73
과녁을 향해 집중… 양궁의 메카에서 살다   77

PART 2   아지트 인 예천: 촌캉스의 나날

물맛 좋다는 '단샘' 예천, 때 밀기 좋은 날   84
산란한 날에는 무궁화호 보러 시골 기차역 간다   90
시골 뻡의 매력… 시골의 낮과 밤은 달라   94
토박이와 함께 드라이브 떠나요   99
150년 넘은 고택 '삼연재', 집 구경하기   106
송아지 우유 주던 날, 촉감은 절대 못 잊지   110

깡시골 체험 마을의 반전, 고추장 만들기	115
낭만 담은 가을밤, 예천박물관서 가족 캠핑 고고	120
범우리 숲속 놀이터, 우리 모자의 핫 플레이스	127
도심 속 황톳길, 아이와 '천년숲' 맨발 걷기	131
나만의 아지트, 유유자적 '선몽대' 거닐기	134
혼자 알기 아까운 뷰 맛집 '청원정'을 공개합니다	139
무이서당에서 한 템포 쉬어 가기	143
용문사에서 저만치 도망간 영혼 잡아 오기	147

PART 3 이번 생은 예천에서: 어예 살아오셨니껴?

시골에서 사라져 가는 '상회 순례' 하기	154
상회 지켜 온 40년… "호명상회는 나의 인생이죠"	156
2세대 양봉 농업인, "벌침(봉독) 덕에 손 저림 없죠"	161
호미 쥐던 손으로 붓을 잡은 곳 '신풍미술관'	167
할머니 그림 학교 관찰기, 일상에 미술을 더하다	173
양말목 할머니의 인생철학	176
논두렁 뷰 카페 '용궁특별시'에서 시골 누리기	183
용궁면 무이 1리의 홍반장 "컴백 투 컨트리, 마을 살려야죠"	189
예천읍에서 만나는 프랑스 에펠… 30년이 휙 지나갔어요	194
닭 뛰어 놀고 비둘기 날아다니는 '리얼 시골살이' 부부	198
가게가 놀이터, 제자리를 지키고 살아가는 힘	204
"한평생 서예와 사랑에 빠져 살았죠"	210
모녀(母女) 작가를 키운 8할은 칼국수	217
폐교 카페에서 날마다 행복 빚는 부부	222
'또또또간집' 공개! 아라비카, 카페 아닙니다	227
잠자고 있던 파출소의 변신, 카페 도깨비곳간	232

에필로그 평범하고도 위대한 무명의 일생을 예찬한다   238

프롤로그

어느 날, 민증에 '읍·면·리'가 찍혔다

327km의 여정. 이따금 쏟아지는 폭우를 이겨 내며 새로운 곳에 둥지를 틀었다. 경북 예천군. 지방 광역시에서 3년을 살고 면 소재지로 이사 왔다. 주소 이전을 하고 '읍·면·리'가 어색했던 것도 잠시, 2년 반이 흘렀다.

어디서 읽었다. 인생을 바꾸는 세 가지 요소 중 하나가 '이사'라고. 그만큼 주변 환경이 미치는 영향이 크다는 뜻일 것이다. 이삿짐을 풀고 이곳의 풍경과 흐름에 맞춰 내 라이프스타일, 생활방식을 만두 빚듯 하나씩 하나씩 만들어 갔다.

늦여름에는 고개를 들어 하늘을 자주 바라봤다. 고추잠자리가 허공을 맴도는 모습을 유심히 관찰했다. 근처 천문대에 가서 '달', '토성', '별자리'를 보고 왔다. 교과서에서 배우는 이론이 아닌 진짜 달을 아주 가까이에서 바라볼 수 있었다. 그 뒤로 나는 경북살이의 마음가짐을 다잡았다. 자주 바라보기, 마음에 새기기.

만추의 계절인 요즈음 나를 재미있게 해 주는 녀석이 있다. 곤포. 지척에서 곤포 사일리지(梱包, Silage)를 본 건 태어나 처음이었다. 흰색 마시멜로가 되기 전, 둥근 모양으로 압축된 볏짚. 흰 포장재로 덮이기 전 '날것'의 볏짚들은 서울 잠실에서 본 러버덕보다 더 멋졌다. 수확이 끝난 황량한 논, 자연 속에서 예술을 구현한 것처럼 보였다. 녀석은 너른 논과 밭을 온통 '뷰(View) 맛집'으로 만들어 버렸다.

가뭄과 장마를 이겨 낸 들녘은 다시 한번의 쓰임을 다하기 위해 애쓰고 있었다. 하나에 대략 500kg이 나가는 사일리지 볏짚은 소 사료로 쓰인다. 한마디로 '사료 뭉치'인 셈이다. 흰 비닐 필름으로 밀봉을 하는 데에도 순서가 있다고 한다. 검색을 해 본 결과 발효제를 첨가하고 공기와 차단된 상태에서 저장을 한단다. 내 발걸음을 멈춰 세운 볏짚이 기특할 따름이다. 서른 중반 마주한 가을, 그 공기에는 깊은 가을맛이 담겨 있었다.

고요해 보이는 시골 동네이지만, 사실 다들 각자 저마다의 일로 바쁘다는 걸 알게 되었다. 농사꾼들에게 카페는 '냉수 한 잔'을 찾는 곳이나 다름없다. "뭐 줄까?" "시원한 거 줘." "왜 이렇게 바빠?" "이제 고추 해야지. 콩도 심고. 흰콩, 검은콩." 카페 주인과 농사꾼의 대화를 엿들었던 날이다. 일찍 자고 일찍 일어나는 생활, 카페 주인은 말한다. "일어나는 대로 가게 문 열어요. 어차피 이 집이 카페니까(커피머신 뒤쪽으로 사장님 내외 가정집이 있음). 7시에 일어나니 7시 반이면 열죠." 삶의 능동성. 이들의 숨은 노동은 내 안의 고유한 욕구와 욕망을 자극했다. 이제 나는 안다. 농사를 지어본 적이 없는 도시인들이 내뱉는 "다 때려치우고 시골 가서 농사나 지을까?"라는 말은 어불성설이라는 걸.

어느 날에는 한 농부가 내게 자신의 휴대폰 사진을 보여 줬다. 손주를 자랑하는 모양새로. 사진에는 땅에서 캐낸 흙 묻은 고구마가 가득했다. 매번 온라인마트에서 세척 고구마 한 박스를 사던 나는 적잖은 충격을 받았다. '아, 맞다. 고구마가 얽히고설킨 덩이뿌리였지!' 하고. 이번에 고구마 농사가 너무 잘됐다며 "이래 봬도 내가 농민사관학교 출신입니다." 너스레를 떠는 농부는 대지의 기운을 가득 받은 듯했다. 그의 해맑은 미소, 충만한 기쁨.

그래서, 그래서, 나는 그냥 지나칠 수 없었다. 얼핏 지나가는 풍경들은 나를 자꾸만 멈춰 세웠다. 그 속에서 나는 무언가를 캐내고 싶어진 것이다. 남겨 두고 싶어진 것이다.

'ㄱ 자형 호미'를 들고 콩을 터는 할머니의 'ㄱ 자 굽은 허리', 돼지 막사 주변에서 풍기는 특유의 고약한 냄새, 직접 농사한 호박 하나를 단돈 천 원에 파는 할머니, 제비가 총총 걷다가 뛰는 장면, 강가의 잔잔한 물살, 돌에 새겨진 마을 이름, '누구누구 자녀 판사 임명' '군무원 합격'이 기재된 현수막들(그들만이 지닌 애향심과 소속감, 자부심이 멋져 보인다), 약국 앞에 무심하게 놓여 있는 나무

의자들, '마트' 대신 '상회', '카페' 대신 '다방', 빨간 경운기, 자식을 다 키운 할머니가 끄는 유모차, 특산물 오미자로 만들었다는 더치커피, 밤마다 나는 탄 냄새….

 최근 나는 집 앞 버스 정류장에 차를 세웠다. 정류장을 구경한 이유는 이러하다. 보통 어르신들은 버스 정류장에서 고개를 빼꼼 내밀고 있다. 배차간격 모니터가 없는 곳이 허다하기 때문이다. 스마트폰 없는 이들이 대부분일 것이고, 있다 해도 사용을 안(못) 할 것이다. 그러니, 운전하고 가면서도 하염없이 정류장에 앉아 있거나 서 있는 어르신을 자주 본다. 이들의 일상 패턴인 것이다. 일주일 전쯤, 버스 정류장을 지나가는데 큰 종이 달력을 봤다. 저건 뭘까. 그곳에는 절기 표시가 된 대형 달력, 누군가 직접 만든 듯한 빗자루(싸리나무 가지가 아닌 것 같다), 분홍색 수건, 손거울이 놓여 있었다.

 어르신들은 자리에 앉아 버스만 기다리고 있는 것이 아니었다. 문명의 활용을 못 하는 어르신들을 안타까워했던 나 자신이 부끄러웠던 순간이었다. 내가 정류장에서 스마트폰 액정만 보았을 시간에 이들은 수건으로 의자의 물기를 훔치고, 바람에 흩날리는 낙엽을 보며 김장철을 가늠하고, 올해는 몇 통을 자식에게 보낼까 고민하고 사색에 잠겨 있었을 수도 있지 않은가. 그렇다면 나와는 다른 '체험 부피'를 누린 것 아닌가. 그들이 보내는 가을에는 정말 깊은 가을맛이 있을 것이다. 황혼의 빛깔을 누린 그들은 황량한 겨울을 또 그들만의 방식으로 보낼 것이다.

나는 내게 질문을 했다. '스마트폰을 사용하면 그 삶은 엄청나게 효율적일까? 시간을 알차게 보낼까?' 예전 같으면 당연했을 질문에 쉽사리 답이 안 나왔다. "인간은 이제 자기가 쓰는 도구의 도구가 되어 버렸다."라는 소로우의 말에도 반박하기 어려워졌다. 나는 그 대신 우리 집 베란다 창문을 자주 바라보기로 했다. 현시점에선 남아 있는 빨간 단풍잎이 몇 개 보이지 않는다.

처음 지인들에게 "예천에 간다, 그곳에서 살게 되었다."라고 했을 때, 연민의 시선을 많이 받았다. 서울서 놀러 왔던 친구도 애잔하게 나를 바라봤다. 반전이 있다면, 이곳은 '유배지'가 아니었다. 나를 변화시키는 곳이었다. 시골에서의 일상 그 틈새는 내 오만을 단번에 꺾어 줬다. 도시에서 살건 시골에서 살건 내 삶의 주체는 나여야 한다는 것, 그 중심에 내가 서야 한다는 것을 알려 줬다. 휘청거릴지라도 휘둘릴지라도 애매할지라도, 그 속에서 나의 고유성을 찾는 것. 적어도 이곳에서만큼은 핫 플레이스 관광 경쟁에 휩쓸리지 않았다.

3년을 향해 가는 시간. 구석구석 담아 뒀던 예천의 곳곳을 모아 봤다. 계간지 《예천산천》과 농림축산식품부와 농림수산식품교육문화정보원이 개발한 플랫폼 〈그린대로〉 동네 작가에 올렸던 글도 다시 엮었다. 책은 장소와 사람에 대한 이야기가 주를 이룬다. 인터뷰에 나온 상호 중 그 어떤 곳도 상업적인 대가가 없었다. 그저 내가 이야기를 듣기 위해 찾아간 곳이다. 처음에는 예천이라는 지역을 알리고 싶었다.

그런데 알면 알수록 내가 도리어 배우는 지점이 많았다. 책 제목에 '친애하는'이라는 단어가 붙은 이유다. 2읍 10면으로 이뤄진 예천. 못 넣은 장소도 많다. 그 부분이 아쉽지만, 게으른 완벽주의를 이제 좀 내려 두기로 한다. 그럼 이제 출발, 조심스럽게 지극히 사적인 나의 시골생활을 공개해 본다.

PART 1

작은 여행의 시작:
하루쯤 시골 산책

예천 읍내에 가득, 일하는 어르신!

2022년 늦여름, 경북 예천군에 둥지를 틀었다. 한창 볼일을 보러 읍내에 자주 나갔다. 라이프스타일을 지역 사정에 맞춰 보기로 했다. 공영주차장이 아닌 찻길에 주차를 하던 날, 누군가 불쑥 다가왔다.

"1,000원이요."

주차 요원과의 첫 만남이었다. 나의 단골 주차 구역 중 하나는 셀프 빨래방 앞. 한 달에 한 번, 이불이란 이불을 다 걷어 차 트렁크에 싣는다. 대용량을 세탁하기엔 빨래방이 제격이다.

셀프 빨래방 구역에는 늘 같은 자리, 같은 곳을 맴돌며 자신의 일을 하는 어르신이 있다. 날이 좋아도 궂어도 상관없다. 어르신은 연두색 형광 조끼를 입고 휴대폰 두 개를 들고 있다. 조끼에는 '예천군 노인 일자리 사업'이라고 큼직하게 적혀 있다.

가끔씩 어르신은 셀프 빨래방으로 들어왔다. 의자에 앉아 휴식을 취하는 듯 보였다. 5개월 남짓한 시간이 흘렀다. 주차 요금만 주고받던 사이에서 날씨 안부는 묻는 친밀함이 생겼다. 낯가리는 성격이라고 생각했는데, 어르신의 반전. 자신의 이야기를 어느 날부터 술술 털어놓았다.

아저씨는 지방 중소도시의 건물주였다. 그것도 몇 채나 보유한. (거짓이 아니라고 생각한다. 아저씨의 부지런함을 목격한 터라.)

"이 일이 생각보다 힘들어요. 그런데 내가 7년을 했어. 놀면, 돈만 펑펑 쓰고 다녀요. 딱딱. 하루 몇 시간. 일하는 게 난 좋아요. 하루에 많게는 만 오천 보를 걸어요. 운동도 되는 셈이죠."

건축 일부터 장사까지 안 해 본 게 없다는 아저씨의 젊은 날, 거주했던 지역도 다양했다. 예천이 연고지가 아니지만 정착을 했단다.

"여기가 조용하고 나는 좋아요."

그 후 나는 형광 조끼를 입은 이들만 보면, 몇 초간 시선을 빼앗겼다. 아이의 학교 보안관부터 시작해 쓰레기를 줍는 어르신 등 곳곳에 적잖았다.

위에서 언급한 어르신과 다른 구역에서 만난 또 다른 주차 요원. 대구서 살다 예천에 정착한 지 한 달 된 새내기 주민이었다. "할머니들도 농사 가고 일하는데, 나라고 일 안 할 수 없죠. 나 돈 많아요." 하며 농담하던 어르신.

형광 조끼 어르신들에게선 공통점이 있었다. 묘한 경쾌함. 예천 시니어클럽에서 운영하는 노인 일자리 시장형 사업 음식점 '소풍'에서 만난 이들도 비슷했다. 주방에서 가자미전 튀김을 부치는 어르신이나, 한식 뷔페를 안내하는 어르신이나 할 것 없이 웃음이 배어 있었다. 소풍은 한식 뷔페로 운영하는데, 점심 가격이 6,000원이다. 완전 착한 가격이다.

"전 원래 경찰이었어요. 은퇴한 지 좀 되었지. 여기 시급 괜찮아요. 바빠요, 하루가. 오전에 여기에 있다가 오후에는 농기원에 가요. 거기에서 또 교육을 들어요. 예전에는 농사지어서 10만 원을 벌었는데 요즘에는 30만 원으로 넘어갔어요. 새댁도 공부해? 공부해야 해. 공부할 거 많아, 여기."

순간 '돈 버는 것만큼 재미난 게 없다'던 친정 엄마의 모습이 겹쳐 보였다. 뻔한 잔소리로 들리지 않았다.

인생의 지혜가 담긴 단소리. 밥벌이의 엄중함을 젊은 시절 맛봐 이미 해탈한 도인들 같기도 하다. 이렇게 나는 읍내에 나갈 때마다 노인 일자리 사업이 안겨 주는 긍정적인 면을 조우한다. 허접한 공공일자리라는 비판도 일각에서는 제기된다고 하는데, 글쎄다. 사업 자체의 가치는 분명하다. (예천군청 홈페이지에 들어가면 비교적 여러 일자리 공고를 볼 수 있다. 노인 일자리 사업도 꽤 있다.) 자존감을 회복시켜 주는 것. 역시 인간은 사회적인 동물이라는 것.

김춘수의 시 〈꽃〉에서처럼 '인간'은 이름이 불리는 존재가 되기를 갈망한다. 특히 작은 일이라도 그 일을 통해 내 쓰임을 확인할 수 있다. 사회관계 강화로 인한 정신건강 증진 효과는 사회적 부양 부담의 경감으로 이어진다.

이곳 예천에서 스스로에게 묻고 있다.
'남은 생을 어떻게 살아야 할까?'

'어떻게 늙어 가야 할까?'

연대의 현장, 환대하는 공동체, 그것을 연결하는 플랫폼, 그 안에서 사람은 살아가야 한다.

냉이 캐는 할머니의 아우라

만발한 벚꽃은 한때의 아름다움을 마지막으로 뽐내고 있다. 그 주위로 벌들도 윙윙 맴돈다. 땅에서도 초록의 봄기운이 보이나 싶어 주변에 널린 밭들을 쳐다본다. 차를 몰고 길가를 지나가다 보면 들판, 논둑, 밭두렁 막다른 곳에서 그분들을 발견한다. 바로 냉이 캐는 할머니들이다.

'아니 여기도?' 포켓몬스터 캐릭터 디그다가 겹쳐 보인다. 땅속에서 뿅 나타나는 디그다 할머니들. 진중한 뒤태가 참 귀엽다. 벚꽃 덕분에 고개를 잠시 들었다면, 냉이 덕분에 고개를 숙여 본다.

도심에 사는 친구들을 불러 모으고 싶은 요즘이다. "시골로 컴온!" 호미 하나 쥐여 주고 대결을 하고 싶다. "냉이 캐자!" 열에 아홉은 되물을 것이다. "어떤 게 냉이야?"
자식들, 나도 그렇다. 온통 초록 잡풀. 난이도가 높다. 노란색 꽃 달린 것만 민들레구나 알아볼 정도다. 저마다 다르면서도 비슷해 보인다. 《월리를 찾아라》 시리즈 현실판이다.

오히려 숲 체험을 중시하는 원에 다녔던 아이가 슬쩍 거드름을 피운다. "엄마! 이건 쑥이에요."라고. '아들, 넌 뭘 아는구나? 엄마는

깻잎이랑 케일은 구분해도 냉이는 잘 모르겠다.'

　이런 연유로 나에겐 작지만 큰 꿈이 생겼다. 그것은 바로 냉이 캐기. 직접 캔 냉이를 넣은 된장찌개를 끓여 먹고 싶다는 버킷리스트.
　이제 나는 냉이를 사 먹고 싶지 않다. 온갖 잡다한 문제들을 봉착하고 맞닥뜨리는 시골에서는 자립심이 올라갈 수밖에 없다. 어떻게든 방법을 모색해 내고 궁리한 끝에 해결해 내기 때문이다. 나는 이것을 생활 지능이라고 부르고 싶다. 아이큐는 타고나지 못했다 쳐도, 생활 지능이라도 뒤늦게라도 높이고 싶다는 것이 내 바람이다.

　시골 산책을 떠난 주말 오후였다. 백발의 할머니가 보였다. 할머니의 유모차(성인용 보행기)에 수북이 쌓인 냉이. '부러워라….'
　"안녕하세요." 인사를 건네니 환히 웃는 할머니. 이가 없었다. 틀니도 안 하셨다. 두고 온 걸까.
　할머니는 "안녕하세요."라고 내게 존대로 화답을 하더니, 불쑥 내게 냉이 한 움큼을 건넸다. 안 받았다. 받고 싶은 마음이 굴뚝이었지만, 햇빛 아래 고생했던 시간이 꽤 길어 보여 양심이 켕겼다. 할머니의 발음은 잘 알아들을 수가 없었다. 알아들은 건, "이게(냉이가) 고기보다 맛있다."라고 한 부분.

　할머니의 호미는 호미대로, 손은 손대로 세월이 묻어 있었다. 가

날픈 할머니의 손목과 핏줄을 쳐다보고, 그다음 땅을 바라봤다. 저 비슷하디비슷한 풀 속에서 냉이를 발견해 내는 게 신기했다. 뿌리가 보이면 냉이인 건 알겠는데, 그렇지 않을 때에는 잘 모르겠더랬다.

그래도 할머니가 캔 냉이 뿌리를 한참 동안 구경했다. '저거구나. 저 뿌리의 모양을 기억하자.'

할머니는 내게 '어디서 왔냐'고 묻고, 나는 '○○서 왔다'고 답했다. 그런데 본인 귀가 잘 안 들린단다. 다시 자신의 말을 맥락 없이 이어 가던 할머니는 자신의 신상에 대해 꽤나 구체적으로 털어놓았다. (할머니: 아들 넷, 딸 둘. 냉이 캐던 곳에서 조금 더 들어가야 집이 나옴.)

그러더니, 다시 내게 되물었다.

"고향이 어디예요? 성이 뭐예요?"

"경주 이씨요. 이."

내 대답에 귀가 안 들렸는지, 의아한 표정을 짓던 할머니.

나는 헬렌 켈러의 선생 설리번이라도 된 양 허공에 손으로 'ㅇ ㅣ'를 썼다. 자음과 모음을 또박또박.

그다음 말이 예상 밖이었다.

"내가 글씨를 몰라요. 한글을 몰라. 안 배워서. 자식들이 그래서 나한테 어쩌고저쩌고. (잘 알아듣지 못함.)"

아. 앞부분만 듣고 내 손을 바닥에 내리꽂았다. 늦깎이 한글학교

가 있는 건, 아주 극소수의 사례라고 생각했던 터였다.

'주변에 의외로 문맹인 어르신들이 꽤 많다', '한글을 배운 후 자신감을 찾았다'는 평생교육진흥원 실장의 말이 떠올랐다. 그런데, 난 할머니가 불쌍해 보이지 않았다. 냉이를 캐내는 발굴 작업의 뒤태. 그게 더 멋있어 보였다. 반대로 내가 쓴 글은 공해가 된 것도 많다. 할머니는 부끄러움이나 열등감이 없어 보였다.

"이제 다 했어요." 하던 할머니. 오르막길이라 잡아 주려고 했더니, "내가 할 수 있어요. 어렵지 않아요." 하며 스스로 허리를 폈다. 할머니는 일어나서 "잘 가요. 우애 좋게 지내요."라는 덕담(?)을 남기고 커다란 굴다리 속으로 들어갔다.

삼신할매가 다녀간 것처럼 여운이 가시지 않았다. 버둥거리며, 천천히 걸어가는 할머니의 모습, 할머니의 아우라, 할머니의 눈과 입, 그 어디서도 세상을 향한 원망도 독기도 느낄 수가 없었다.

한 달 동안 나는 내적으로 속 시끄러웠다. 초등학교에 입학한 아이를 앞에 두고 엄마의 욕망은 비대해졌다. 예체능 스케줄을 위한 운전을 하며, 허덕거렸다. 허기가 차올랐다. 정보를 찾아보면 찾아볼수록 '할 일'만 늘어났다. 말로만 간소화, '엄마표'를 외쳤을 뿐 주객이 전도되고, 본질은 점점 사라졌다.

할머니를 만난 날, 나는 호미 하나를 사고 싶다는 마음을 먹었다. 기필코 냉이를 캐내리라. 헛수고하더라도 흙을 만지고 싶다.

시골은 내게 말한다. 무분별한 정보를 수용하지 말고 네 나름대로 분별하는 지혜를 가져라. 조급해하지 말아라.

사람 생각은 다 비슷한가? 이 글을 쓰는 도중 발견했다. 농협 안성팜랜드에서 '봄! 봄! 봄! 냉이 쏙쏙' 행사를 한다고. 뿌리가 가장 긴 냉이 혹은 가장 무거운 냉이를 캔 고객에게 다양한 상품을 제공한단다. 일명 '냉이왕 선발대회'. 푸하하. 대회는 둘째 치고 일단 호미부터 사야겠다. 연습이라도 해야지. 안 쓰면 장식이라도 하지, 뭐.

'별일 없었니꺼?' 사투리를 듣는 자세

사투리가 나오는 지하철 역사가 있다? 없다? 정답은 있다. 바로 광주 양동시장역이다.

전라도 광주에서 3년을 살았을 때의 일이다. 양동시장 사람들이 만드는 자체 신문 제작 총괄 업무를 맡아 일주일에 두 번은 역에 가야 했다. 그때마다 나오는 사투리가 너무 구수했다. 사투리 방송을 들으러 간다고 생각할 정도였다.

"에스컬레이터에 손을 꼭 잡고 타시고, 어머님! 손을 꼬옥 잡으시랑께요, 아버님! 손을 꼬옥 잡고 타시랑께요."

나는 이 말이 이 지역의 정체성을 보여 준다 싶어 픽 웃었다. 정신이 어쩐지 번쩍 드는 것 같기도 했다. 사람 생각 제각각이다. 누군가는 방송이 너무 별로라고 민원을 넣었다. 여기에 대해 광주교통공사는 이렇게 말했다. (2019년 12월의 답변.)

"고객님이 이용하시는 양동시장역 1, 2번 출구 에스컬레이터는 타 역사에 비해 폭이 좁고 60세 이상 어르신 이용률이 높아 안전사고가 끊임없이 발생하여, 그간 사고를 줄이기 위한 많은 노력(표준어 사용 안내 방송, 측벽 시트지 확대 부착, 디디팜 발바닥 프린

팅)을 하였으나 효과가 적었습니다. 하여 직원들의 아이디어를 모은 끝에 사투리를 사용한 안내 멘트를 사용하게 되었습니다. 안내방송 개선 후 승객들이 탑승할 때 핸드레일을 잡는 등 안전 수칙 준수 효과가 높아졌고, 그로 인해 사고 발생량도 현저히 감소하였습니다. 사투리에 대해 고객님이 느끼시는 기분을 십분 이해하고 저희도 고민했던 사항입니다만, 보다 중요한 안전을 위한 결정임을 너그러운 양해 부탁드립니다. 좀 더 발로 뛰며 불편을 덜어 드리도록 노력하겠습니다. 감사합니다."

오히려 사투리를 사용할 때 안전사고가 현저히 발생했다는 말이다. 객관적인 데이터가 나왔다니, 신기했다. 지금도 광주 하면 그 어투들이 기억에 난다. '그러지요.' '그러시게요.'

예천에 이사를 왔을 때에는 광주와는 또 다른 억양의 사투리에 귀를 쫑긋했다. 이곳은 우선 기본적으로 "~했니껴" "~하니더"를 잘 쓴다. 주로 중년층 분들이. 처음에는 상대방의 말이 무슨 말일까 머릿속에서 어휘들을 골라내서 추측했다. 알 턱이 있나. 몇 번 되묻기도 했는데, 공부의 기회가 찾아왔다. 대학원 과목 중 하나인 '문학의 언어'에서 방언 리포트를 써야 했던 것.

얄팍한 지식이지만, 나름 발품을 팔았다. '방언'이란 한 언어에서, 사용 지역 또는 사회 계층에 따라 분화된 말의 체계를 뜻한다. 오랜 언어 문화적 특성을 기반으로 이뤄진 언어이기 때문에 지역민의 정서와 사고가 녹아 있다. 우선 경북은 의문형 종결어미의 높임 표현을 쓴다. 이 기준은 지리적으로 나뉜다. 낙동강이 경북을 동부와 서부로 구분하고 있다. '~니껴'형 지역은 경북의 동북부인 안동, 의성, 영양, 영주, 봉화, 울진, 예천 정도로 나눈다. 일명 '하니껴체'.

〈별일 없었니껴?〉라는 제목의 시도 있다. 계간 《詩하늘/통권 100호 특집호》(2020년 겨울호)에 실린 이선영 시인의 작품이 그러하다. 방언 그 자체를 시 제목으로 뽑아낸 시에는 향토적인 분위기가 물씬 풍긴다.

또 이곳에 오면 '아지매'라는 방언도 자주 들을 수 있다. 읍내 시장에 나가면 '아지매' 소리가 메아리처럼 울린다. 아지매란 표준어로 아주머니를 뜻한다. 아저매, 아즈매, 아지매 등 다양한데, 아지매의 경우 고모와 이모도 포함한다.

표준국어대사전에서 '사투리'의 말뜻을 찾아보면 "어느 한 지방에서만 쓰는, 표준어가 아닌 말"이라고 한다. 그동안 사투리는 뭔가 촌스러운 느낌에 갇혀 있었다. 지인은 어릴 적부터 부모님께 '사투리를 쓰지 말라'는 교육을 받기도 했단다.

하지만 사투리는 곧 토박이말이다. 사투리에는 지역의 정서와 지역민의 정체성이 담겨 있다. 최근에는 그래도 인식이 변화가 되고 있는 듯하다. 사투리 스티커도 나오고(최근 제주 사투리 스티커를 선물받았다. 챗GPT를 기반으로 하는 AskUp에 물어보니 '제주어로 보입니다'라고 답변했다. 똑똑한 녀석.) 사투리에 대한 신간 책도 제법 있다.

언어도 언어지만, 춤에도 지역색이 담겨 있다. 이를테면 훌라. 몇 년 전 일이다. 애정하는 작가님이 제주로 이사를 갔다. 그곳에서 글쓰기 수업도 열고 곧 놀러 오라고 해서 갔다. 예쁜 카페에서 열린 학인들의 발표회 시간. 암이 재발했다는 사연을 고백한 학인 두 명이 앞으로 나왔다. 그들은 훌라춤을 췄다. 어두운 기색 하나 없이 웃고 웃던 둘. 버킷리스트 중 하나로 배웠다고 했다. 춤선이 예뻐서 홀려서 봤다.

본래 훌라는 일종의 수화 역할을 했다고 한다. 오래전 하와이에는 문자 언어가 없었기 때문이다. 그런데 이 훌라도 지역마다 다르다고 한다. 각자가 살면서 바라본 바다가 모두 다른 종류의 것이기 때문이란다. 부산에서 나고 자란 친구의 훌라는 보다 거칠고, 동남아의 따뜻하고 잔잔한 바다 곁에서 살아온 다른 사람의 훌라는 유연하고 부드럽단다.[*]

춤이든 언어든 나를 표현하는 색채는 귀하고 귀하다. 각자가 품고 있는 이야기, 삶의 진솔한 모습과 애정, 애환이 담겨 있으니 말이다.

---

[*] 국민일보, [살며 사랑하며] '훌라'라는 언어, 김선오 시인, 2024-10-14.

할머니 패션 구경, 어디서?
시골 버스 안에서

주말에 서울에 다녀왔다. 광화문 한복판을 누비고 다니는 '2층 버스'를 보고 아이는 기함했다. "엄마, 저거 타요!" "그래, 타 보자!" 2층이 오픈형인 시티투어버스는 예약을 못 했으니, 일반 버스는 가능하겠다 싶었다. 무작정 앉아 기다렸다. 다행히 서울역을 경유해 명동에 도착하는 버스가 왔다. 오랜 지방살이를 한 터라, 나조차도 처음이었다. 창밖으로 보는 풍경과 함께 사진 찍어 달라는 아이의 성화에 정신이 없었다. 그러다가 눈에 들어온 안내 문구. 대략 이런 말이었다. '여기서 다쳐도 아무런 책임을 안 지겠다'는 경고. 버스회사 입장에서는 당연했지만, 문득 우리 예천의 시골 버스가 생각났다.

나는 자차를 주로 이용하기 때문에 읍내로 향하는 버스를 자주 타지 않는다. 어쩌다 한 번씩 차가 없을 때면 탄다. 그 한 번의 시간이 귀하다.

휴대폰 앨범에는 읍내로 향하는 버스 시간표가 있다. 시간표는 당연히 종이로 출력되어 붙어 있다. 오전 9시부터 11시 사이에는 시간 간격이 띄엄띄엄 운행을 하기에 잘 확인해야 한다. 아날로그가 먹히는 동네니까 가능하다.

특히 요즘은 시골 버스를 타면 딱 좋은 계절이다. 초록빛으로 물든 들판 덕분에 눈이 덜 피로하다. 초록빛 이불의 향연. 내 곁에 초록을 둔다. 작가 마르그리트 뒤라스는 인터뷰에서 이렇게 말한 바 있다.

> "문득문득 내 글쓰기는 전부 그곳의 논과 숲과 고독 사이에서 싹텄다는 생각을 해요."
> 《뒤라스의 말》(마르그리트 뒤라스·레오폴디나 팔로타 델라 토레, 장소미 역, 마음산책, p.17)

나 역시 이를 증명해 육안으로 보여 줄 수는 없지만, 이 자연의 빛깔이 나를 조금 더 풍요롭게 해 준다는 것을 믿는다.

읍내로 향하는 버스를 타던 날에는 차창 밖의 풍경 사진을 많이 찍어 둔다. 중간중간 짐을 싣고 버스를 타는 할머니들 덕분에 시간적인 여유가 있는 편이다.

시골 버스 운전기사는 승객들의 안전을 꽤나 신경 쓴다. 적어도 내가 느낀 바는 그렇다. 타고 내리는 어르신들을 살핀다. 기사의 노고, 그 범주는 포괄적이며, 불명확하다.

반대로 자차로 갈 때면, 버스가 앞에서 비상 깜박이를 켜고 있는 경우를 많이 본다. 그럴 때는 '누군가 내리나 보다' 한다. 그렇게 나 역시 이해심의 수준을 높여 간다. 브레이크를 꾹 밟고 잠시 기다려 주는 거다. 익명의 그들이지만, 타자이지만, 함께 살아가는 삶을 인식한다.

 다시 버스 안. 버스 안에서의 풍경도 제법 재미있다. 할머니들의 복장 구경. 백팩파 할머니, 천으로 된 크로스백파 할머니로 주로 나뉜다. 다들 종이돈을 넣는 작은 지갑은 하나씩 있다. 지퍼가 달린 천주머니 스타일. 공방에서 공동 구매 했나? 신발은 착화감이 좋은 니트 슬립온식 운동화를 주로 신는다. 바리바리, 주섬주섬, 무언가를 싣고 내리는 그들의 삶의 풍경은 인간의 일생에 대해 생각하게 한다. 인구가 줄어드는 시골이지만, 그 안에서 또 먹고 살아가는 생의 모습. 그러니까 뒤처지는 게 아니라 저마다의 삶의 모습인 것이다.

 친정 엄마는 청소년기까지 시골에서 나고 자랐다. 장날이면 외할머니는 농사지은 걸 파셨다. 장에 가기 위해 늘 버스에 타셨다. 우연히 엄마는 학창시절, 외할머니를 버스에서 마주친 적이 있었다고 했다. 바리바리 남은 물건을 이고 지고 타던, 그런 외할머니가 창피해서 모르는 척한 적이 있었노라, 딸인 내 앞에서 회상한 적이 있다.

 지금의 엄마는 다르다. '우리 엄마, 왜 그렇게 힘들게 살았는지,

일만 하고, 놀 줄도 모르고….' 돌아가신 외할머니의 생에 대해 위로를 건넨다. 그러나 또 그것이 외할머니의 삶의 방식이었던 것이다. 그렇게 살면서 또 활기를 찾았으리라 나는 짐작한다. 실제로 시골 버스 운행 횟수가 늘어나면 노인의 우울증 지수가 낮아진다는 논문이 있다고 한다.

《나는 괴산의 시골 버스 기사입니다》의 저자 한귀영은 버스 기사로 살면서 느낀 소회를 글로 풀었다. 저자는 "시골 버스는 이 땅에서 살아가는, 힘없고 가진 것 없는 소시민들의 생활공간"이라고 했다.

나는 시골 버스 안에서 내 생애의 시간표를 점검하기도 하고, 새로운 것들과 조우하며 사색의 시간을 갖는다. 적절한 동기부여와 쉼이 필요한 이들에게는 '시골 버스 타 보기'를 권하고 싶다.

얼떨결에 예천향교 제사 구경

뾰족한 계획이 없던 평범한 어느 주말이었다. "읍에 갈까?" 무작정 읍을 걸어 보기로 했다. 한천이 아닌 다른 곳으로. 하늘 위를 바라보았다. 시선을 아래로 옮겼다. 흑응산 정산의 청하루 누각이 보였다. '워어' 높은 곳이라 엄두가 안 났다. (실은 새해 첫날, 봉덕로에서 시작해서 청하루까지 올랐다가 고생 좀 했던 기억이 있다.) 조금만 더 아래로…. 대창고등학교가 눈에 들어왔다. 학교를 목표지점으로 찍고 걸음을 뗐다. 목적지로 향하는 거리. 대략 노상리, 흑응로 인근. 다소 가파른 언덕이라 이 길을 오고 가는 학생들의 수고로움이 연상되었다. 연상의 그림은 알이 밴 종아리였다. (언덕배기 여고를 다닌 터라, 잘 안다.)

대창고등학교 도착. 주소지로는 경북 예천군 예천읍 대창학교길 33. 동아리 연습을 하는지 풍물 소리가 들려왔다. 장구와 꽹과리의 조합. 그런 학교보다도 시선을 끄는 것이 있었으니, 바로 예천향교였다. 바로 옆에 떡하니 서 있는 향교. 예천향교는 경상북도 문화재자료 제138호로 등록되어 있다. 아이들은 매일 향교를 지나쳐야 교문을 통과할 수 있는 것이다. 2024년 기준, 학교는 개교 102주년을 맞았다. 100년의 역사는 우습게 볼 것이 아닌데, 시간 순으로 배열하자면 향교가 우선 세워졌던 건 분명했다.

뜻밖에 발견한 문화재를 구경하는 마음으로 향교 안으로 조심스럽게 들어갔다. 끙끙거리며 올라왔던지라, 사진 몇 컷 찍고 가면 일석이조라고 생각했다. 그런데 발걸음을 멈추게 한 풍경이 있었으니. 얼추 40여 명의 어르신들이 제사를 지내고 있는 게 아닌가. 그것도 노란, 아니 상아색 제사복을 입고. 낯선 현장에 어버버하는데, 한 어르신이 어버버하는 나를 발견하곤 하는 말. "구경하세요."

나는 엉거주춤하면서 현장 스케치 파악에 들어갔다. 그렇게 내밀한 곳을 들여다봤다. 제사를 진행하는 어르신이 뭔가를 읽으면(단어가 어려워서 알아들을 수가 없었다), 그 차례의 어르신이 앞으로 나가는 형식이었다. 걸음이 불편한 어르신은 주변의 도움으로 앞으로 걸어 나오셨다. 절뚝절뚝, 몸이 불편해도 정신은 명징해 보였다. 취기와 환각과는 거리가 멀었다.

우리 가족은 제사를 지내는 집이 아니었던 터라 생소했다. 적절한 절차가 있었지만 위계로 보이지 않았다. 큰 활기참도 큰 떠들썩함도 없는 고요함과 엄숙함의 사이. 고리타분하지 않았다. 관객인 나는 묘하게 빨려 들었다. 그들에게서 나오는 오라를 느꼈다. 경복궁에서 종종 하는 이벤트적인 행사와는 분명 달랐다. 대금과 소금, 나발과 나각 등의 전통악기는 없었다. 그저 나는 고요한 마음으로 관조했다. 절에서와는 다른 결의 낯선 평안함이 들었다.

그렇게 한참을 그들의 뒷모습을 바라보다가 내려갔다. 때마침

'구경'을 제안했던 어르신도 걸음을 옮겨야 했나 보다. 어떤 제사인지 물어봤다. 이런저런 말을 듣다가 그의 정체가 예천문화원장인 걸 알았다. 오늘의 행사는 공자를 비롯한 선현을 모시는 제사이며, 여기에 더해 문화원의 각종 행사를 설명했다. "예천에 와서 잠깐 살더라도 이 지역에 대해서는 알았으면 좋겠어요." 그의 말 속에서 나는 뭐랄까, 어르신들의 삶의 뿌리, 지탱의 힘을 느꼈다. 사라져 가는 것 중 하나인 제사의 쓸모랄까.

공자니 선현(先賢)들이니 그것보다도 제사에 참여한 이들이 살았을 숱한 나날, 욕망과 불안, 도시의 선망, 변해 가는 시골 등에 마주하는 힘이랄까. 그런 것들에 담담히 맞설 수 있던 건, 제사에 있지 않았을까 하는 뚱딴지같은 생각이 든 것이다. 치욕을 겪고 명예를 지킨다는 노자의 말처럼.

> "나는 이 나이까지 목격한 타인의 삶이나 이 세상 돌아가는 켯속에 대한 이해를 여러 번 수정하면서 살아왔다. 거의 자의 반 타의 반이었다."
> 《그 남자네 집》(박완서, 현대문학, p.259)

나에게 제사는 그동안 고리타분한 이미지였다. 하품 나오는 따분한 규칙들.
그런데 이 구절에 맞게, 나의 시선의 변화가 있었음은 분명했다. 실상 켯속에 대한 이해는 다 한 것이 아닐지라도.

아래는 《스토너》라는 소설에서 발췌한 글귀이다. 나의 해석과 결을 같이한다.

"하지만 윌리엄 스토너는 젊은 동료들이 잘 이해할 수 없는 방식으로 세상을 알고 있었다. 그의 마음속 깊은 곳, 기억 밑에 고생과 굶주림과 인내와 고통에 대한 지식이 있었다. 그가 분빌에서 농사를 지으며 어린 시절을 생각하는 경우는 별로 없었지만, <u>무명의 존재로서 근면하고 금욕적으로 살다 간 선조들에게서 혈연을 통해 물려받은 것에 대한 지식이 항상 의식 근처에서 머무르고 있었다. 선조들은 자신을 억압하는 세상을 향해 무표정하고 단단하고 황량한 얼굴을 보여주자는 공통의 기준을 갖고 있었다.</u>"

《스토너》(존 윌리엄스, 알에이치코리아, p.309)

향교 방문 추후 이 글귀를 읽고 나는 어르신들의 제사하던 풍경을 선명하게 떠올렸다. 그들의 앞모습보다는 뒷모습을 지켜봤지만, 그들의 심연은, 보이는 듯했다. 무명의 선조들에게 물려받은 것. 그 뿌리는 실로 깊고 단단해 보였다. 이 길을 오가는 대창고 아이들은 무슨 생각을 할까. 나와 비슷할까.

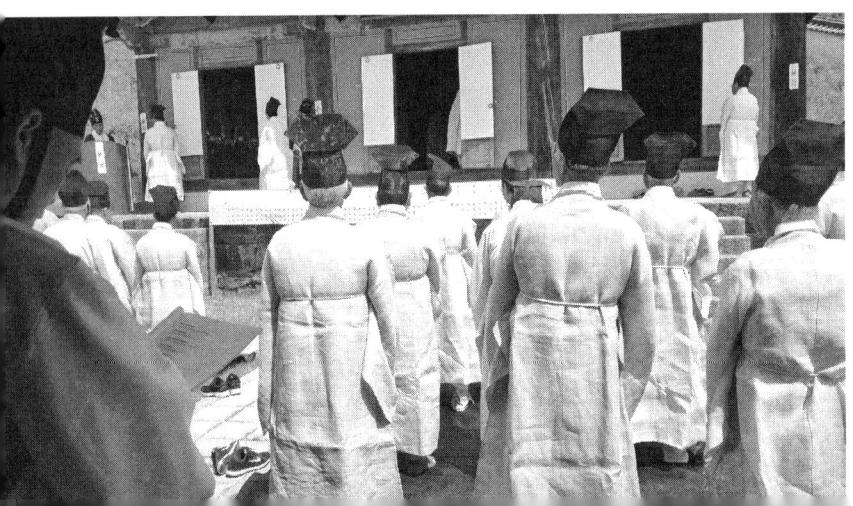

여기도 빗자루, 저기도 빗자루

 예천읍에는 빗자루가 많다. 아니, 어쩌면 우리나라 온 구석구석에는 빗자루 천지일지도 모른다. 요즘 내 눈에는 여길 가도 빗자루, 저길 가도 빗자루가 보인다. 그건 내가 요즘 빗자루에 꽂혀 있기 때문이다.

 본래도 나는 빗자루와 친숙한 사람이었다. 우리 집에는 청소기 대신 빗자루를 주로 사용한다. 이 역시 특이한 지점으로 보일 수 있지만 이유는 별거 없다. 첫 번째는 청소기의 소음 때문이었고, 두 번째는 밤에도 사용할 수 있어서였다.

 신혼 초, 꽤 큰 금액의 무선청소기를 구입했다가 모터가 고장 나서 또 비싼 돈 주고 모터를 갈았다. 그랬더니, 기계의 문제인지 사용하는 사람의 손이 문제인지 금방 기력을 잃었다. 그 후로 안 되겠다 싶어 흡입력이 좋은 유선청소기를 들였는데, 그건 또 줄이 너무 길어 내 성미와 안 맞았다. 그리하여 빗자루로 회귀하게 되었는데, 오히려 잘 맞았다. 먼지 한 톨도 허락되지 않는 완벽함은 없어도 가성비가 괜찮았다.

 길이 샜다. '사용으로서의 빗자루'를 바라보던 내가 본격적으로 빗자루에 빠진 이유를 이제 이야기해 보겠다. 그건 아이와 관련이 있다. 우리 아이는 미야자키 하야오의 작품을 좋아한다. 관심사에 맞춘 대화를 하려다 보니, 어쩌다 〈마녀 배달부 키키〉라는 영화를 함께 보게 되었다. 학창시절에도 만화와 거리가 멀었던 나는, 해리포터 마법의 빗자루에도 감흥이 없던 나는, 키키의 빗자루에 반해 버리고 말았다. 그건 새로운 세계로 향하는 모험심의 대리만족과 같았다. 떠남과 독립, 그 매개체가 빗자루가 된다는 것이 새삼 새로웠다. 뒷북도 이런 뒷북이 없다.

영화 속에서 나와서도 키키와 별개로 실제 빗자루에도 빠졌다. 우리 집 빗자루도 다시 한번 쳐다보고, 읍내를 돌아다닐 때도 두리번두리번 거렸다. 그랬더니 빗자루가 가득한 게 아닌가. 빗자루의 종류도 나름 다양했다. 재료에 따라서도, 형태에 따라서도. 밀대에 갈색 테이프를 이어 붙인 긴 빗자루도 적잖았다. 그건 거미줄 등을 없애는 용도로 보였다. 나름의 방식으로 빗자루는 생존해 있던 것이다. 무심하게 놓여 있는 빗자루들은 저마다의 제 몫을 해내리라.

꽤나 이쁜 빗자루도 봤다. 삼연재라는 고택 한옥에서는 꽃을 단 빗자루가 보였고, 읍내 장터에서는 아주 작은 사이즈의 미니 빗자루도 봤다. 나는 이것을 1,500원과 2,000원에 구입했다. 한 뼘 정도의 책상의 지우개 가루를 치우는 용도로 보였는데, 내 손으로 정리한다는 의미도 새길 수 있었다. 심지어 작은 사이즈 빗자루는 아이를 키우는 동네 엄마에게 선물하기도 했다. 몬테소리 책에 나오던 육아 팁 중 하나, 빗자루 쓸기 교육을 사진 찍어 보여 주면서까지.

그렇게 나는 빗자루가 지닌 철학마저 해부하기에 이르렀다. 그러니까 빗자루 하나를 만든다 치자. 그렇다면 손의 '행동'에도 가지각색의 동사가 담긴다. 빗자루를 직접 만든 적이 없지만, 대략 이런 동사가 떠오르더라. '엮는다, 감는다, 돌린다, 오므린다, 더 꼰다, 뒤로 돌린다, 단단하게 마무리한다…' 등등. 심지어 빗자루 장인도 국내에 한 분 있다. 매체에 몇 번 등장했는데, 그의 빗자루는 하나에 평균 8만 원가량 한다.

내가 빗자루 속에서 좋아하는 가치는 '자주성'이다. 스스로 훔친다는 것. 내가 머무는 곳을 정갈하게 하겠다는 의지. 물론 빗자루라는 도구를 이용하는 건 청소기와 같지만, 뭔가의 결이 다르다. 과거에는, 그러니까 어림잡아 새마을운동 시대에는 심심찮게 빗자루를 봤을 듯하다.

나태주 시인의 시도 떠오르는 요즘이다. 자세히 보아야 예쁘다. 빗자루 하나에도 이렇게 많은 의미를 캐내는 내 모습이 나는 낯설다.

운동 후 보자기 펴 놓고 들밥을 먹습니다

강원도에서 3년가량을 살았던 적이 있다. 그때 요가를 잠시 배웠었다. 나의 스승의 나이는 60대 후반이었다. 흰머리가 뒤덮여 백발로 향해 가던 그녀. 100세 시대에 이런 말은 실례지만 나는 그녀를 '요가 할머니'로 부르고 싶다. 그 표현이 도리어 귀엽다. 아니, 그녀는 지금도 요가 할머니로 잘 살고 있다. 이제 나이 앞자리 수는 7로 변했겠지만.

그녀와의 만남은 우연이었다. 읍내 뒤편 주택가, 작은 요가 간판을 보고 우연히 들어간 그녀의 작업실. 거실에서 우리는 요가를 했다. 우리라고 하면 나 포함 고작 셋. 그녀의 휴대폰에서는 유튜브 힐링 뮤직이 흘러나왔다. 유튜브 프리미엄이 아니라서 중간중간 광고가 나오기도 했다. 그럼 아무렇지도 않게 살짝 너털웃음을 지으며 광고 건너뛰기를 누르고 다른 동작을 이어 갔다.

이제 막 가오픈했으니, 굳이 수강료를 받지 않겠다던 스승. 그렇다. 어딘가 도인 같은 포스가 있었다.

그녀의 생의 서사는 구구절절 다 듣지 않았다. 다만 분당에선가 살다가 남편 고향인 시골로 들어왔고, 시어머니와의 충돌로 흙방에 들어앉아 사주팔자도 깊게 공부했고, 어쩌다 요가도 시작하게 되었다고 했다(고 기억한다). 신기한 건 저녁에는 드럼 선생님이라는 점. 오전과 오후에는 요가로 '수렴'을 한다면, 저녁에는 '발산'을 하면서 조화롭게 사는 듯했다. 지킬 앤 하이드의 '순한 맛', '긍정판'이라고 해석했다. '요가 할머니'와의 시간에서 기억나는 건, 요가 동작보다는 나 자신의 심신의 안정이었다. 불안지수가 하늘을 찌르던 그해, 잠깐이나마 캄 다운이 되었던 유일한 시간. 아마 나는 우연히 선사하는 선물 같은 시간을 그때부터 신뢰하게 된 것 같다.

　예천에 왔을 때, 구석구석 돌아다니며 소확행 시간을 보낼 때였다. 한동안 청소년 수련관에 루틴처럼 자주 갔다. 작은도서관에서 야금야금 책을 읽으며 사람을 관찰했다. 사람 구경. 한 어르신이 "국학기공 운동을 한다. 아주 좋다. 같이 하자." 하면서 2층 댄스연습실을 가리켰다. 호기심에 홀린 듯 들어간 곳. 뜻밖의 계획 없는 참석. '국학기공'은 잘 몰라도 '국선도' 취재를 해 본 적이 있던 터라, 비슷한 분야려니 했다.

　그날 나는 50분가량 '아구 아구' 소리를 몇 번이고 냈다. 운동도 제대로 정복한 것 하나 없이 유목민처럼 이것 조금 저것 조금 했으니, 말 다 했다. 국학기공을 모르는 이들이 있다면, 만만찮은 운동이라고 한마디 해야겠다. 머리를 벌건 색으로 염색한 한 분이 앞에 섰다. 60대 초중반 정도의 강사님 같았다. '요가 할머니'가 소환되어 떠올랐다. 뭔가 결이 은근 비슷해 보였다. 오른쪽 구석진 곳에서 따라 하던 나. 그런 내게 다가와 타박하지 않고 동작 하나하나를 섬세하게 알려 줬다. 하늘 위로 샘솟는 내 승모근도 잡아 주면서 주물러 주는데, 쑥스러우면서도 감사했다.

국학기공은 몸과 마음을 함께 단련할 수 있는 한국의 전통 스포츠다. 내가 느낀 국학기공은 한국인 맞춤형 운동 같았다. 배를 툭툭 치기도 하고 '얍' 소리를 내기도 하고, 근력운동과 유산소운동의 중간 같기도 하고, 수련과 요가의 합작이랄까? 대한체육회 산하 사업으로 대부분 10년 이상을 이어 왔다고 했다.

클라이맥스는 운동이 끝나고 펼쳐지는 담소였다. 보통은 "수고하셨습니다!" 하고 쿨하게 나가는 게 국룰 아니던가. 남더라도 아메리카노 한 잔 마시다 바이바이 하는 수준. (점핑이라는 운동을 몇 달 다녔을 때는 그러했다.) 그런데 여기 담소 수준은 상상했던 바가 아니었다. 뒤쪽에서 운동하던 어르신들을 기점으로 보자기를 펴는 것이었다. 주섬주섬 매듭을 푸는 손. 그 안에서 나온 간식은? 부추전, 옥수수, 고구마, 송편 등등. 장소만 '댄스연습실'이었지 들밥을 먹는 줄 알았다. 이곳에서 처음 알게 된 단어 '들밥'. 백반집마다 '들밥 됩니다'라고 적혀 있어 뭔가 했다. 단어 그대로 들에서 먹는 밥이 맞았다. 농경사회 시절, 남자들이 들에 나가서 김을 매고 있을 때 집 안에서 부녀들은 들밥 준비에 바빴던 것이다. 고된 노동을 감내하고 견디는 이유. 들밥의 기다림도 한몫했다.

나는 식었지만 기름기가 잘잘 남아 있는 부추전을 보고 나갈 수가 없었다. "저는 괜찮아요. 안녕히 계세요, 여러분." 내뱉어야 하는 내향인 특유의 낯가림도 온데간데없고, 운동 후 바로 먹는 죄책감도 뒷전이고 바로 받아먹었다. 냠냠. 대부분의 간식은 그날그날의 텃밭의 수확물로 차린 것들. 허세 없는 어르신들의 정겨움이란 맛있으면 0칼로리의 본보기였다. 나는 이날 꽤나 몸이 힘들었지만, 마음만큼은 행복했다.

'요가 할머니'에 이어 '국학기공 할머니'까지. 최애 영화 중 하나, 〈인턴〉이 절로 떠올랐다. 성공한 사업가인 줄스(앤 해서웨이)는 인턴 벤과 동료가 된다. 동료 이상의 멘토가 맞겠다. 개인적으로 가장 인상적인 부분은 마지막 장면이었다. 휴가를 낸 벤을 찾아온 줄스. 공원에서 요가를 하고 있는 벤의 동작을 그녀도 따라 하기 시작하면서 영화는 끝을 맺는다. 나이를 뛰어넘는 우정의 본보기?

국학기공 강사님은 그해 나의 학인이 되었다. 읍에서 글쓰기 수업을 한다고 하니, "내 가겠다!" 하더니 오셨다. 성실함이 무기였던 그녀는 끝까지 잘 완주하셨다. 그렇다면? 나의 국학기공은? 백설공주, 신데렐라 동화책 결말처럼 "그 후로 오래오래 행복하게 살았습니다."로 마무리되었으면 아름다웠을 테지만, 본래 마음과 실천 사이에는 간극과 거리가 있는 법. 나라고 별수 있나. 바쁨의 연속이 이어지며 지지부진 못 갔다.

하지만 변명하고 싶다. 핑계를 대 보면, '역시 나 같은 운동 초보는 돈을 일단 주고 해야 한다'는 것. 국학기공 수업은 봉사로 이뤄지니, 무료. 땡땡이가 쉬웠다. 하지만, 국학기공 이야기는 꼭 넣어야겠는 것이다. 왜냐하면 국학기공을 계기로 운동을 본격적으로 시작하게 되었기 때문이다. 나에게 있어 변곡점이라고 할 수 있는 기회였다.

책에 싣고 싶다고 하니, 기꺼이 '국학기공 할머니'는 자신의 이야기를 다시 들려주었다. 카페에서 토마토주스 한 잔을 마시며 들은, 그녀의 이야기를 넣어 본다. 7학년 1반. 기공쌤의 이야기가 누군가에게는 당장 엉덩이 박차고 걸을 수 있는 자극으로 들릴 수도 있으니 말이다.

"원래 내가 요가를 50살부터 시작을 했어. 왜? 우리 남편 사업이 부도가 나서. 그때 내가 잠이 안 왔어. 불면증인 거지. 요가를 하면 잠이 온다길래 그래서 했어. 10년을 했나 보다. 요가 10년 하고 예천에 오게 되네? 부산서 살다가 귀촌한 거지.

처음 예천 효자면 산골짜기 산길을 3년 걷기 운동 삼아 다니다가 안 되겠다 싶어서 읍으로 출근 도장 찍었지. 우리 아저씨가 읍에서 일을 하니까 아침마다 나를 읍에 내려다 줘. 그래서 여기서 할 거 많잖아? 요가와 아쿠아를 하다가 내가 기공을 하게 된 거지. 겨울에 눈 오면 어떻게 하냐고? 하하, 그것도 재밌다. 내가 또 책임감이 있어서 우리 아저씨가 읍에 사는 분에게 부탁해서 산길 아래

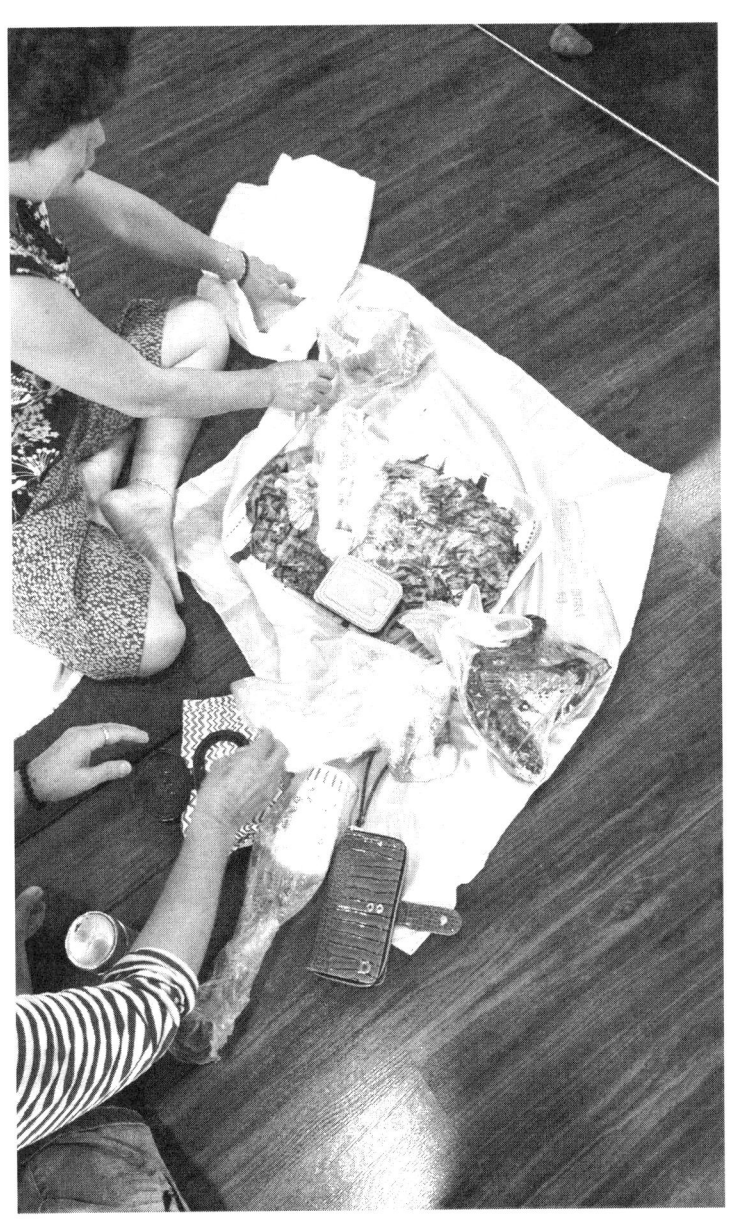

까지만 와 달라고 해서 간 적도 있어. 그분 차가 스노우타이어인가 그랬던 거지. 그 정도로 내가 꾸준히 했어. 좋게 말하면 책임감이 있는 거지.

　국학기공 하면서 개인전도 나가고 단체전도 나가고 그랬지. 내가 무대 체질이 아니야. 그런데도 뭐 나갔어. 손이 발발 떨리면서도 나가고. 그렇게 또 기공도 10년 가까이 한 거지. 보자기? 음식? 아니, 내가 요리를 못해. 나는 그렇게 못 해. 나는 그 사람들이 그렇게 뭘 바리바리 가져오는 게 지금도 자신감이라고 생각해. 하하. 그런데 나도 그 나눠 먹는 재미가 있더라. 부산에 있을 때에는 강사쌤들하고 나가서 외식을 같이 했지. 나도 처음엔 어색했어.

　요즘? 원래 일주일에 4번을 기공을 했다가 지금은 3번으로 줄였어. 그런데 운동을 줄인 건 아니야. 나도 운동중독이야, 이 정도면. 에어로빅도 하고 아쿠아도 하지. 내가 지금 71살인데…. 운동한 사람들하고 안 한 사람들은 달라. 엉덩이도 나오고 허벅지 종아리도 튼튼하고. 원래 그랬냐고? 에이, 처음에는 완전 약골이었어. 빈혈도 있어서 길 가다가도 쓰러졌다니까. 나는 어떻게 보면 살기 위해 운동을 했지. 그리고 지금은 건강하게 살다가 건강하게 죽고 싶어."

　자신의 역량과 경험을 나누고 필요한 존재가 되는 이들. 나는 요가 할머니도 그렇고 기공 할머니도 그렇고, 어르신들의 연륜과 지혜를 티끌만큼도 못 따라가지만, 몸으로 하는 정직함. 그 살아온 세월만큼은 기꺼이 박수 쳐 주고 싶다.

☞ **예천서 저렴하게 운동하고 싶다면? 아래의 장소를 검색해 보길 바란다.**
예천군평생학습관, 예천청소년수련관, 예천희망키움센터, 예천군 복합커뮤니티센터, 맑은누리파크, 예천군노인복지관

낮에 막걸리 한잔이 허용되는 곳

"내는 그래 생각한다. 힘든 세월에 태어나가, 이 힘든 세상 풍파를 우리 자식이 아니라 우리가 겪은 기 참 다행이라고."

영화 〈국제시장〉의 주인공이 하는 독백이다. 세상 풍파 다 겪고 해탈에 이른 이 대사가 나왔을 법한 곳을 나는 안다. 산전수전 곡절투성이의 삶을 털어놓으며 시름을 잊었을 법한 곳이 예천에 있다. 바로 삼강주막이다. 풍양면쯤에 있다.

삼강주막은 나름 알려진 곳이다. 갓 이사를 온 외지인이든 여행객이든 한 번씩 검색을 할 것이다. '○○ 가 볼만 한 곳.' 이곳은 검색 중 하나에 나오는 곳이기도 하다. 나는 남들 다 가 보는 대중적인 곳은 최대한 나중에 가 보는, 미루고 보는 마이너 유전자를 지녔다. 일명, 핫 플레이스 포비아. 몇 번 갈 때마다 크게 감흥이 없었던 이유도 비슷했다. '아이 데리고 가기 무난하네' 정도였다.

삼강주막이 다르게 다가온 날을 또렷하게 기억한다. 농악 공연을 한다기에 '가 보자' 했던 날. 바람이 불었을 뿐이지 흐리지 않은 무난했던 그날, 나는 칼자국을 보고 말았다.

덩기덕 쿵더러러러, 장구 소리에 흥이 올랐을 무렵, 주변을 천천히 거닐었다. 그러다 삼강주막 안을 들여다보게 되었다. 주막 부엌 안팎 흙벽에 세로로 죽죽 새겨진 선. 빗살무늬토기 상형문자처럼 새겨져 있었다. '저게 뭐지?' 호기심이 삼강주막 안내판을 읽게 만들었고, 그렇게 나는 그녀를 알게 되었다.

여기에는 한 할머니가 등장한다. 나는 이 할머니의 사연을 찾고 읽어 보며 그가 살았던 생을 축수하고 싶어졌다. 할머니의 이름은 삼강주막의 마지막 주모 유옥연 할머니다. 외상을 줄 때마다 할머니는 날카로운 칼로 빗금을 하나씩 그었다. 부지깽이를 사용해 자신만이 알 수 있는 방식으로 만들어 놓은 것이다. 짧은 줄은 대포 한 잔, 긴 줄은 대포 한 주전자. 외상값을 모두 갚으면 가로로 길게 줄을 그어 외상을 지웠다고 한다. 주로 가을 추수 후 갚았을 것이다.

1917년생인 그는 1932년 네 살 위 남편과 혼인하고 1936년 삼강주막의 영업을 이어받았다고 한다. 마흔 살부터 생을 마친 여든아홉 살까지 '주모'라는 이름으로 주막을 지켜 온 유옥연 할머니는 2005년 시월 초하루에 돌아가셨다. 아흔의 나이로 세상을 떠날 때까지 70여 년 동안 주막을 지켰던 것이다. 10년이면 강산도 변하는데, 아니 요즘에는 1~2년 새에도 트렌드의 판도가 시시각각 바뀌는데, 무려 10 곱하기 7. 70년의 세월을 몇 평 안 되는 공간을 주모는 지켰던 것이다.

그곳은 온갖 지역에서 온 사람들이 모이는 투닥거림의 장소였을 것이다. 왜냐, 일단 사람이 모이는 곳이었기 때문이다.

삼강(三江). 삼강이라 할 것 같으면 안동 하회마을을 돌아 나온 낙동강, 예천 회룡포를 휘감고 뻗어 온 내성천, 문경 죽월산에서 흘러 내려온 금천, 그렇게 세 줄기의 강이 합류한다고 해서 붙여진 지명이다. 단연 물 좋고 산 좋은 풍경이다. 이곳에 주막이 있었던 것이다.

삼강은 한양 가는 길목으로 문경새재를 넘는 선비나 장사꾼은 반드시 이곳에서 나룻배를 타고 강을 건너야 했다. 여기에 소금배 등이 낙동강을 오르내리면서 삼강나루에 자리 잡은 삼강주막은 늘 장사꾼과 길손들로 문전성시를 이뤄 장날이면 나룻배가 30여 차례나 오갈 만큼 분주했다고 한다. 1900년대 초까지 장날이면 하루에 30회 이상 나룻배가 다녔다고 하니, 얼마나 많은 이야기가 오고 갔을까. 상인, 부보상, 뱃사공, 시인….

물론 세상만사 모든 것이 변하는 법. 수운이 발달하면서 조선팔도의 주막은 한때 2,000여 개로 늘었지만 강을 건너는 다리가 생기고 고개 아래로 터널이 뚫리면서 하나둘 없어지더니 급기야 삼강주막 하나만 남았다.

할머니의 사진을 구글에서 발견했는데, 사진 속 할머니는 허공을 바라보며 담배를 피우고 있다. 일상 속 사소한 기쁨, 고약해 보이지도 않고 그저 평온해 보인다. 내가 생각하는 이미지와 흡사했다. 싱크로율 100퍼센트. 내가 생각하는 주모의 이미지는 '품는' 이미지다. 성격은 가지각색일지라도, 모두의 사람인 건 같다. 이것은 주막의 명칭과도 연결된다. 주막은 '술 주(酒)'에 '장막 막(幕)'이니 '술을 파는 임시 가건물'이다. 떡하니 그럴듯한 가게가 아닌 애매함. 그러니, 동병상련의 유전자가 주모에게는 있었을 것이다.

보통 여러 사극 등의 매체로 주모의 이미지가 있을 테지만, 나는 유옥연 주모를 알기 전에는 다산 정약용의 주모를 생각했었다.

몇 년 전, 강진 여행을 갔을 때 알게 되었다. 정약용은 강진 유배 초기에 쇠약해진 상황이었다. 억울한 추방, 게다가 당시 40대 후반은 지금과 달랐다. 어느 집에서도 정약용이 머무는 것을 원치 않았다. 이를 받아 준 이는 동문 밖 어느 주막의 노파였다. 그 사실을 알고, 내게 주모의 이미지는 품는 이미지로 변모했다. 아마 유옥연 할머니도 그랬을 것이다. 외상 장부에 칼을 그었을지언정, 손님과 갑과 을의 영역이 없었을 것이다. 많은 이들이 유 할머니가 내놓는 음식으로 하루의 피로와 허기를 풀곤 했을 것이다. 깨작깨작이 아닌 아귀아귀 먹었을 것 같다.

그런 삼강주막은 단연 가건물이었다. 그러다 유옥연 할머니가 돌아가신 직후 삼강주막이 경상북도 민속자료로 지정되자 예천군은 주막이 위치한 60여 평의 땅을 분할 구입해 '예천군 풍양면 삼강리 166-1'이라는 번지를 새로 부여했다. 삼강주막도 절반 이상이 물에 잠기면서 기울었으나 2008년 복원공사로 바로 섰다. 함께 복원된 보부상 숙소와 사공 숙소를 비롯해 여러 채의 초가집 주막은 옛 추억을 찾아 나선 길손들로 연일 북적거리며 현대판 주막으로 거듭났다.

나는 그 거듭난 주막에서 배추전과 국수, 도토리묵, 두부를 아귀아귀 먹었다. 배가 찬 나는 평상에 앉아 삼강을 바라보며 나의 시절인연들을 생각했다.

지금 이곳은 유옥연 주모 대신 지금은 다른 할머니들이 바통을 이어받았다. 주막의 식당에서 일하는 어르신들은 누군가의 허기를 채워 주고 있다. 슬픈 이야기지만, 채 상병이 실종되고 수색하려는 군인들의 식사 장소이기도 했다.

아무튼, 이곳은 대낮부터 술 한잔이 허용되는 곳. 부끄럽지 않은 곳이다. 이곳에 온다면 꼭 부엌 한편의 외상 장부를 보기를 권한다. 그리고 주막 곁의 커다란 회화나무도 바라보시길. 키가 15m쯤 되는 큰 삼강주막 회화나무는 250살이 넘었다. 손예진과 조승우의 영화 〈클래식〉에 나오는 장면처럼, 모형 나루터 앞에서 사진도 찍을 수 있다.

☞ 예천삼강주막

주소: 경북 예천군 풍양면 삼강리길 27-1 삼강문화단지

시골 카페서 호박씨 까던 오후

　인적 드문 시골, 예천 용문면. 카페라는 간판을 보고 '어머, 여기 이런 곳이 있었나?' 싶어 조심히 열고 들어섰다. 아무도 없었다. 카페 안쪽 여닫이문 너머로 TV 소리가 들리는데도 잠잠했다. "사장님" 소리에도 조용하기에 메뉴판에 적힌 휴대폰 번호를 찍고 전화를 걸었다. "5분이면 가요!" 전화기 너머로 생기가 느껴졌다. 소란스러워 보이기도 했지만, 밝은 생기가 마음에 들어 머물러 있기로 했다.

　천천히 내부를 둘러봤다. 인테리어도 살펴보고, 비치된 책장에 어떤 책이 있는지도 구경했다. 직접 산 책이라기보다 받은 책 위주로 있는 듯했다. 정치인의 출판기념회에서 뿌릴 법한 책, 문단 문집, 제법 오래된 2000년대 초반 취미 서적 등.

　지역 문단 책 하나를 들고 자리에 앉았다. 주인이 왔다. "안녕하세요. 오래 기다리셨어요?" 아메리카노 한 잔과 쿠키 하나를 주문하고 책을 펼쳤다. 문학적 완성도와 상관없이 마음에 가는 글이 도통 없었다. 차 한 잔을 건네는 사장님은 혼자서 내뱉는 말인지, 나에게 하는 말인지 이렇게 말했다. "시골은 부지런하면 살아요." 왠지 후자인 것 같아 거들었다. "밭에 나갔다 오시나 봐요." 책 읽기는 글렀고, 그런 책도 아니라 진즉 덮어 버렸다.

그녀와 눈이 마주쳤다. 부산스러워 보이던 그녀는 "그럼요. 난 땅이 좋아요. 땅 딛고 사는 시골이 좋아요." 하면서 시골을 예찬했다. 그녀의 얼굴은 전화에서 느껴지던 것보다 더 생기가 넘쳤고, 주름이 없었으며, 기미도 안 보였다. 귀농·귀촌인인가? 속으로 생각했다.

그녀는 둥그런 스테인리스 통에 뭔가를 들고 와서는 맞은편, 주문하는 곳 옆자리에 앉았다. 잠시 쉴 요량으로 보였다.

그게 뭔가 봤더니만 묻기도 전 알려 준다. "호박이 지천이에요. 그냥 두면 다 얼지. 아깝지. 그래서 벅벅 긁어 왔어요. 쌍화차 만들려고요." 투박하고 큼직한 늙은 호박 속을 숟가락으로 정성껏 벅벅 긁어 낸 흔적이 가득했다. 날은 겨울치고 따뜻했지만, 저걸 퍼 오려고 밭에 나가서 이 호박 저 호박을 살펴봤을 그녀의 행동거지로 봐서는 부지런함이 평생 몸에 밴 듯했다.

"이것 좀 먹어요. 이게 그렇게 맛있어요. 고소해요."

그녀가 갖다준 '이것'을 보고 나는 눈이 커지고 말았다. 그것은 호박씨였다. 견과류 속이나 샐러드에 무심한 듯 뿌려진 호박씨는 봤어도, 아직 까지 않은 그대로의 말린 호박씨는 너무나도 오랜만이었다. 호박씨를 까먹은 마지막 기억은 초등학교 저학년에서 멈춰 있었다.

나는 순간, 인터뷰 모드로 전환되어 있었다. 조심스럽게 이 가게가 몇 년이 되었으며, 언제부터 용문면에서 살았는지 등을 물어보고 있는 나를 발견했다. 그것은 내 업에서 비롯된 것이 아니었다. 바로 호박씨에서 시작된 것이었다.

그녀는 의심하는 경계선이 하나도 없었다. 입에서 술술. 딱 한 번 옆을 쳐다봤는데, TV 소리가 들리던 곳에서 그녀의 남편이 나왔을 때였다. 내가 몇 번이고 '사장님' 하고 불렀는데도 그녀의 남편은 안에서 잠자코 있던 것이다. 남편이 가고 나자 입은 더 난리가 났다. 술술술. 수루수루술술.

나도 그녀의 '술술' 앞에 내 서사를 짧게 브리핑했다. 옆집 엄마의 하소연은 머리가 아파도 이름 모를 여성의 이야기를 왜 이리 구성지던지.

짧은 시간, 그녀의 프로필을 얼추 다 알게 되었다. 그녀는 정말 무지막지하게 바빴고, 바쁘게 살았다. 아들과 딸은 30대 후반과 중반. 아들은 결혼 후 분가해서 타 지역에서 살지만, 맞벌이를 하는 탓에 손주 녀석들 방학을 책임져야 한다. 몇 달은 또 그렇게 아이를 보고, 다시 시골로 돌아오면 투잡 쓰리잡을 뛴다. 사과도 따

주러 가고, 카페도 하고, 밭에도 나가고. 카페를 하기 전에는 호프를, 호프를 하기 전에는 옷 장사도 하던 그녀였다.

"내 나이가 참 불쌍해요. 아래위로 치이잖아요." 시부모님도 모시면서 아이들도 다 키웠는데, 이제는 손주들까지 봐야 하는 신세라고 털어놓는 그녀. "경북 남자들이 어우, 힘들어요."

나도 질세라, 아이 보는 게 만만찮고, 지금 이 시대를 살고 있는 2030도 정신적으로 힘들다고 한마디 거뒀다. 그러니까 우리는 서로 호박씨를 먹으며, 호박씨를 까고 있는 것이었다. 우리의 구술생애는 서로 신세 합쳐 엉겨 붙고, 그러니까 다시 또 배가 고파서 커피 셀프 리필을 받아먹고 있었다.

그런데 참 이상했다. 그녀의 푸념 속에는 그렇게 억울함이 보이지 않았다. 오히려 그러한 상황이 더 활력을 자아내는 것 같았다.

"지난번에는 딸기 4㎏ 며느리한테 보내고, 또 애들이 소고기도 잘 먹어. 그것도 또 한 번씩 보내 주고. 저기 딸기 농장이 진짜 맛있거든. 번호 알려 줘요?"

얼굴에는 고단함이 드러나지 않았다. 화장품 탓도 시술 탓도 아니었다. "나 한 번도 시술받아 보지를 않았어요. 화장품도 제일 하빠리. 농협 가서 제일 싼 거." 하는 그녀의 말에 웃음이 픽 하고 나왔다.

그녀가 챙겨야 할 사람, 가족들, 해야 할 일, 지나온 생의 시간은 마치 심청전의 한 대목 같았다. 심청이는 투정을 부리거나 대들지 않는다. 그저 또 고분고분 받아들일 따름이다.

"경북에서 태어나 얼쑤, 경북 남자 만났네 얼쑤. 아래위 눈치 보며 예의 지키며 살았네 얼쑤. 큰 아이 낳고 힘들어서 더는 안 낳겠다고 버텼네. 그러자 10살 터울로 또 딸아이가 태어났네 얼쑤." 하면서 말이다.

우리의 호박씨는 양반은 못 된다고, 우리 집 아들내미가 카페 옆 초등학교 운동장에서 다 놀았다고, 들어오면서 끝이 났다.

그날 저녁, 아이에게 "이리 와 봐!" 했다.
"이게 뭐게!" 호박씨를 몰라봤다. 퀴즈를 냈다. 1번 배추씨, 2번 호박씨. 바로 2번을 찍는 아이.

나는 어릴 때 이걸, 손톱깎이로 깠던 기억이 났다. 호박씨의 모서리만 깎으면 편하다. 기구를 이용해야 한다며 아이에게 줬더니만, "엄마도 호박씨 먹어요!" 하면서 입에 넣어 줬다.

내친김에 "호박씨를 까다"라는 관용구의 어원을 살펴봤는데, 먹을 게 없던 시절 껍질째로 몰래 먹다가 생으로 나온다는 뜻이 생긴 거란다. 괜스레 서글퍼졌다.

이름 모를 카페 사장님이 밤늦도록 생각났다. 나이 들면, 입을 닫고 지갑은 열라는데, 한 번씩 모르는 사람과의 사적인 얘기는 서로 검열하지 않는다는 걸 깨달았다. 되돌아서서 후회하지 않는 날. 카페를 나서며, 호박씨와 참 잘 어울리는 오후라고 생각했다.

나는 안다. 그녀는 오늘도 새벽부터 일어나서 또 밭에 나갔을 것이고, 하루를 또 언제 푸념했냐는 듯 씩씩하게 살아가리라는 것을. 사랑하는 아들 잘해 주라고 며느리한테 딸기를 보낼 것이라는 것을.

시골살이는 또 이렇게 호박씨 까는 것도 제맛 중 하나 아닐까. (다음에 방문했을 때에는, 찐 땅콩을 얻어먹었다.)

'전국노래자랑' 예천에 착륙했다!

나는 운전 중 라디오를 자주 듣는다. 어느 날 라디오에서 사자성어 퀴즈가 나왔다. 청취자에게 전화를 건 후 다짜고짜 진행자가 말했다. "박학!" 뒤이어 청취자는 "다식"이라는 답을 한다. 이런 식으로 순식간에 다섯 문제를 맞혔다. 박학다식, 주객전도, 일석이조 등 어른들이 듣기에는 난이도 '하'에 속했다.

뒤에서 듣고 있던 8살 아이가 아쉬움에 가득 찬 목소리로 말했다. "엄마, 저는 하나도 모르겠어요." 나는 물었다. "네가 자주 안 들어 본 말이라 그래. 엄마는 어릴 적에 많이 배우고 들어서 그렇단다. 너 '전국'이라는 말을 들으면 뭐가 생각나? 전국!" 그 말에 아이는 대답했다. "노래자랑?"
"맞아, 맞아. 너 얼마 전에 전국노래자랑 촬영장 갔다 왔지? '전국' 하면 '노래자랑!'이 익숙해 우리나라 사람들은." 사자성어 퀴즈와 전국노래자랑은 '우문현답'이었을지 모르겠다. 그러나 아이는 나름 만족한 듯했다.

한 달 전부터 난리였다. 곳곳에 플래카드 현수막이 붙었다. 예선전, 나는 괜스레 설렜다. 누가 예선에 나갈까 하고. 친정아빠는 전국노래자랑 예선전에서 떨어진 경험이 있다. 그 에피소드가 몇십

년이 지난 지금도 회자된다.

우리 가족은 이주 전부터 이런 대화를 나누었다. "이제 일주일 남았다. 한천에서 열리는 거 알지?" "비 온다는데 사람들이 올까?" 등등.

4월 15일. 전국노래자랑 경북 예천군 녹화 방송이 시작되었다. 장소는 한천 체육공원. 예천군민들의 행사가 주로 진행되는 곳이다.

청소년수련관에서 아이 오전 수업을 끝내고, 부랴부랴 달려갔다. 녹화방송 세트가 아이는 신기한 모양이었다. 나도 마찬가지였다. 30대 중반인 나의 어린 시절 주말 정서를 책임졌던 프로그램 현장이지 않은가. 덩치 큰 카메라와 무대, 트레이드마크 중 하나인 악단까지 천천히 살펴봤다.

"일요일의 막내딸, 김신영입니다." 故 송해 선생님의 뒤를 이은 김신영 씨는 진행을 맛깔나게 잘했다.

전국노래자랑의 특징 중 하나는 지역 특산품 소개 시간이기도 하다. 예천 한우와 참기름을 들고 나온 홍보담당관실 공무원들이 애를 썼다. 유쾌하면서도 톡톡 튀는 춤까지 선보였다. "참기름이 아니죠. 참지름이죠." 김신영 씨 역시 사투리를 써 가며 분위기를 돋웠다.

그렇게 한동안 예천은 '전국노래자랑'으로 수다 꽃을 피웠다. 본방송은 5월 21일. 그 후에도 사우나에 가면 "○○이 거기 나갔잖아." "김신영이는 참지름이라고 말하더구먼. 카하하!" 하면서 여기저기 대화를 보탰다. 군민들의 낙이었다.

우리 가족 역시 방송 시간을 달력에 적어 놓은 후 TV를 켰다. "어머, 용궁면에 저런 모임이 있었어?" 다시 봐도 새로웠다. 아이 역시 학교에 다녀온 후 "엄마, ○○이가 저 전국노래장에 나온 거 봤대요." 하며 으쓱해했다. 나 역시 예천군에 정이 들었는지 괜스레 자부심과 자긍심이 커져 갔다.

전국노래자랑이 장수 프로그램인 이유에 대해서도 생각해 봤다. 지방이 소멸된다고 하지만, 그 속내를 들여다보면 그 안에서 다들 재미나고 열심히 산다. 정서가 내재되어 있다. 전국노래자랑은 그 정서를 품어 주는 듯했다.

공동체가 사라지는 시대다. 개인주의, 각자도생이 익숙해지는 척박한 때 단비 같았던 일상이었다. 내가 사는 곳을 조금씩 들여다보고 애정을 키우면, 내 일상과 삶도 따뜻해진다. 인프라가 없다고 한탄하기 전에 있는 것부터 아껴 주는 것. 시골살이는 나를 한층 자라게 한다.

순환자원 회수로봇이 호명읍에?

《아이 친구 엄마라는 험난한 세계》
부제 〈신도시 맘 고군분투 아줌마 사귀기 프로젝트〉
이 책을 만났을 때 드디어 '올 것이 왔구나' 했다.

"여성은 결혼 후 새로운 곳으로 이주하게 되는 경우가 많다. 저자 역시 삶의 기반이었던 서울을 떠나 신도시로 오면서 전업주부가 되었다. 처음엔 결혼 후 밥벌이의 엄중함에서 벗어나는 가벼움만 생각했지, 어떻게 살아야 하는지는 고민하지 못한 채 그저 육아와 살림을 하면 되리라 막연하게 생각했다. 하지만 결혼하고 가장 힘겨웠던 것은 육아도 살림도 아닌, 바로 아이 친구 엄마들과의 '관계 맺기'였다. (중략)"

책 소개를 읽은 후 바로 전자책 구입을 냉큼 했다. 도서가 배송될 하루 이틀의 시간이 아까워서. 맥주 한 캔 원샷 하듯, 순식간에 읽었다.

얼마 전 호명읍에 다녀온 날, 나는 이 책이 다시 생각났다. '신도시'행. 그에 수반하는 적나라한 책 설명에 수긍했기 때문이다. 호명읍은 여전히 '예천 신도시', '신도청' 등의 이름으로 불린다.

신도시(新都市). 자연 발생으로 성장한 도시가 아니라 처음부터 계획적, 인공적으로 건설한 도시를 말한다. 나무위키에 나온 설명이다. 신도시가 정착하기까지에는 평균 10년의 세월이 필요하다고 한다.

그 시간까지 모든 것이 새로움의 연속이라고 보면 된다. 지척의 거리부터 먼 지역에서 이사를 한 사람들, 초보 엄마라는 새 역할을 부여받은 이들, 문 닫았다는 임대 스티커가 붙여지고 어느새 다른 매장으로 뚝딱 들어서는 상가 매장 등등. "뭐가 새로 생겼다네요"가 소소한 정보 뉴스인 곳.

구도심과는 다른 풍경. 천편일률적 비슷한 계획도시라고 여길 수도 있지만, 그러나 속내를 또 들여다보면 미묘한 차이가 있는 곳. 나는 반대로 이것이 또 신도시만의 매력이라고 본다. 그러니까 내가 하고 싶은 말은 이거였다. 소소한 새로움이 원동력이 되기도 한다고. 그 원동력을 활력으로 삼아 다시 신도시의 안정화를 진심으로 응원한다는 것.

호명에 볼일이 있어 아이와 나온 어느 날, 아이가 말했다. "엄마, 저거 하고 싶어요." 아이가 언급한 지시대명사의 정체는 파란색 '순환자원 회수 로봇'이었다. 무심하게 지나갔던 공영주차장에 떡 하니 놓여 있었다.

실행하는 엄마의 모습을 보여 주고자 노력했다. 캔과 페트를 모아 갔다. 터치스크린에서 시작하기를 눌렀다. 가져온 캔이랑 페트병을 투입구에 넣었더니 압착하는 소리가 들렸다. 찌그러지는 소리가 쾌감을 선사했다.

이 기계의 좋은 점은 포인트를 준다는 것이다. 캔은 개당 15원, 페트병은 개당 10원씩 적립이 된다. 나중에 2,000점 이상 쌓이면 현금처럼 쓸 수 있다고 하니, 아이는 "2,000원에 1,000원을 더하면, 탕후루를 사 먹을 수 있다."라고 좋아했다.

'세상의 모든 일은 공부의 재료가 된다'더니, 집에 와서 증폭된 호기심을 풀기 이르렀다. 이 기계를 발명한 사람의 인터뷰도 찾아보고, 회수한 것을 어떻게 활용하는지도 찾아봤다.

궁금한 이들도 있을 수 있기에 언급하면, 재활용 공정에서 분리배출된 페트병을 잘게 파쇄한 형태인 플레이크(flake)로 만들 수 있는 것들이 있다. 예를 들면, 삼성전자는 폐가전으로 플라스틱 펠릿을 재생산해 냉장고와 세탁기 부품에 쓰고 있다. 사이니지(전광판)와 모니터 뒷면 커버 등도 재생 플라스틱으로 만든다. CJ제일제당의 경우 햇반 용기만을 모아서 재생 플라스틱 소재를 만들고, 이를 이용해 CJ제일제당의 '스팸 선물세트' 트레이로 만든다고 한다. 햇반 용기가 스팸 트레이로 업사이클링되는 것이다.

환경에 대한 인식이 있는 지자체들이 이 로봇을 들이고 있었다. 괜스레 으쓱했다. '호명읍 애착이 +100 올라갔습니다.' 말풍선을 어디 달아야 할 것 같았다.

시골 속 신도시. 이 신도시의 정체성과 이미지 구축은 지금도 현재 진행 중이다. 장소로서의 의미를 부여하는 건, 생각보다 거창한 일이 아닐지도 모른다.

비하인드
이날 이후로 주차장에 캔과 페트병을 들고 가는 사람만 보인다. 역시 관심사에 따라 보는 내용도 달라진다는 진리. 아참, 이 기계는 예천 읍내 예천보건소 앞에도 있다.

읍에서 만난 엄마, 공주쌤들…
우리는 웃고 또 울었다

 기자 출신 작가. 직업으로서의 글쓰기에서 시작해 취미로서의 글쓰기로 넘어가기까지…. 10년의 세월이 휙 하고 흘렀다. 결혼 후 삶의 지도가 달라졌다. 이동하는 직업을 지닌 가족이라 이사를 많이 다녀야 했다. 덕분에 강원도를 비롯해, 전라도 등 쓰기의 현장에서 울고 웃는 과정을 보낼 수 있었다. 타지에서의 부대낌을 글로 승화시켰다. 생각의 나눔, 새로운 발견을 조우하며 학인들은 매번 '작은 간증(?)'을 나눴다.

 그러다 상륙하게 된 경상북도 예천. 이상하게도 돌봄 노동, 그러니까 아이들과 고군분투하면서도 표현 한 번 제대로 못 하는 엄마들이 눈에 들어왔다. '어쩌면 가장 가까이에 있던 사람들을, 외면했던 건 아닐까?'라는 마음이 들었다. 그들의 속에 쌓여 있던 여러 '말'들을 꺼내 보고 싶었다. 해결해 주지 못하더라도 들어 주는 건 가능했으니까. 아니, 어쩌면 나의 오만이었을지도 모른다. 9년 차 엄마인 내가 누구보다도 말하고 싶은 마음이 턱까지 차올랐던 건지도 모르겠다.

우여곡절 끝에 출발하게 된, 〈엄마 돌봄 글쓰기〉. 한국출판문화산업진흥원 사업을 받아 머릿속에 구상한 것들을 실현해 보기로 했다. 예천 읍내의 한 작은도서관, 장소는 솔직히 좁고 열악했다. 그럼에도 옹기종기 모여 뭘 시작해 보겠다고, 우연으로 시작한 끌림의 엄마들이 모였다.

뭣도 모르고 온 엄마들, 얼마나 대단한가. 왜냐, 시작은 용기를 필요로 하니까. '이거 사이비 아냐?' 의구심이 들었을 법도 한데 말이다.

2023년 8월 9일, 더웠던 여름, 키워드로 알아보는 나로 시작, 내 곁에 있는 물건, 내 인생의 아지트, 내 인생의 책, 요리 편지, 나의 원가족, 나만의 꿀팁, 엄마의 자화상, 자녀 남편 인터뷰, 엄마의 돈, 내 인생의 띵작(명작), 버킷리스트 등의 수업을 진행했다. 짧고도 길었던, 길고도 짧았던 아이러니한 시간이었다.

우리는 매번 주제 앞에서 울고 또 웃었다. 엄마라는 버겁고도 위대한 역할 앞에서 숨어 있던 '나'를 꺼내는 시간들이었다. 그 애매하고도 모호한 감정을 '언어화'하는 순간 속에서 우리는 아주 솔직하게 눈물을 흘렸다. 그러다 다시 수업이 끝나면 웃으면서 읍내에서 점심을 먹곤 했다. 토박이 공주쌤은 그들만이 아는 맛집을 데려갔다. 가리봉동 벌집촌처럼 비좁은 구석구석 골목을 헤매며, 이 지역만의 재미 포인트에 모두가 수긍했다. 우리 모두 이곳에서 이렇게 살 줄 몰랐다면서, 그런데 나쁘지 않다면서. 우리의 운명을 토닥거렸다.

나는 그들을 공주쌤이라고 불렀다. 공부하는 주부의 줄임말이었다. 우리는 가방끈 스펙 쌓기에서 벗어나 '나'를 알아채는 글쓰기 공부를 하는 셈이었다. 큰 성과도 있었다. 공주쌤들 가운데 공모전에도 붙어 장원을 받은 분도 있었다. 함께 환호했다.

마지막 수업 시간, 물었다. 공주쌤들, 내 속에 수많은 '나'를 만나셨는지요?
"저지레, 많이 하셨는지요?"
"우물 안 개구리, 벗어나셨는지요?"

한 번씩, 초고 앞에서 시름하는 엄마들의 모습을 보면서 말했다.

"에이 또 그렇다고 푹, 고개 숙이지 마세요. 당당하세요. 글쓰기 수업 완주한 게 어딘가요. 종이에, 노트북에 옮겨 적지 못했더라도 생각만 해도 된 겁니다. 생각은 결국 쓰기! 잊지 마세요." (이 말을 다른 누구도 아닌 내가 내뱉었기에, 이 책을 써내야 했다.)

여러 해를 지나며, 환경도 성별도 직업도 전부 다른 학인들에게서 공통점이 있다는 걸 깨달았다. 그 누구보다, 자신의 생을 사랑한다는 걸. 하나뿐인 내 삶을 어떻게든 끌고 가고, 나 데리고 잘 살아 보려고 애쓰는 사람이라는 걸. 그래서 이렇게 수업도 듣고, 이런저런 발품을 판다는 걸.

우리는 인문 프로그램이 끝난 후에도 석 달에 한두 번 정도의 '번개'로 끄적거림의 행위를 이어 가고 있다. '수다'는 휘발되지만, 그것을 언어화하고 적는 건 '한 끗 차이'임을 알고 있어서다.

어느 날의 오후, 티타임으로 만난 학인이 말한다. "저는 무언의 좌표를 찍으면서 제 길을 가고 있는 것 같아요." '좌표'라는 말이 콕 박혀 왔다. 예천에서의 나의 좌표. 클라이밍 오르듯 더듬더듬하지만 또 가긴 가는 모양새. 한편 두렵고 한편은 설렌다.

과녁을 향해 집중… 양궁의 메카에서 살다

작은 소도시의 특징. 한 다리 건너 한 다리. 여기에 더해 예천 출신 유명인사가 나온다? 그럼 대통령보다도 환대받는다. 근래 이 지역의 유명인사는 단연코 김제덕 선수. 여느 식당 계산대 앞에는 늘 그의 사인이 있다. '잘 먹고 갑니다', '예천 맛집 인정' 등등.

본래 스포츠에 문외한인 나란 사람. 양궁과 예천의 연결고리, 상관관계에 대해 관심이 없었다. 하지만 사람은 변할 수 있다. 예천 착륙 2년 차. 나는 급격한 체력 저하와 혈액순환, 붓기, 다이어트 등을 이유로 운동을 시작했고 본격적으로 재미를 붙이기 시작했다. 그제야 '예천 2024 현대양궁월드컵대회'에 가 보겠다는 생각을 하게 되었다. '오호, 한번 가 볼까?'

집에서 13㎞ 떨어진 곳에 위치한 예천진호국제양궁장. 그때까지만 해도 왜 '진호'가 앞에 붙는지 몰랐던 나란 사람 무식이. (예천여고 2학년이었던 김진호 선수는 1978년 방콕 아시안게임에서 한국 양궁 역사상 첫 금메달을 안겼다. 그의 나이 17세(만 15세). 1995년 예천에는 김진호의 이름을 딴 '진호국제양궁장'이 지어졌고, 현재까지 한국의 대표 양궁장으로 꼽히고 있다. 예천이 배출한 우수한 양궁 선수들은 셀 수 없을 정도다.)

행사는 2024년 5월 26일 열렸다. 푸르고 맑은 하늘, 경기에 제격인 날씨였다. 여자 개인전 결승. 해외 선수를 제치고 대한민국 임시현·전훈영 선수의 막상막하 대결. 검지와 중지로 시위를 당겨 활을 쏘는 양궁. 과녁까지 거리는 꽤 멀었는데, 서로 9점과 10점을 번갈아 가며 엎치락뒤치락했다. 이날 경기는 마지막에서 10점을 쏜 임시현이 9점을 맞춘 전훈영을 꺾고 금메달을 목에 걸었다.

"화이팅!" 소리를 쿨하게 내뱉는 관중들의 응원도 재미의 요소였지만, 난 무엇보다도 선수들의 표정을 관찰하는 데 시간을 보냈다. 숨 막히는 집중력. 과녁에 잘 맞든 안 맞든 크게 흔들리지 않는 감정선을 코앞에서 보니, 궁금증이 증폭되었다. 경기 후 방송사 언론 인터뷰 장면을 옆에서 지켜봤다. 역시 비슷했다. 지나친 들뜸과 흥분, 호들갑보다는 '잘 즐겼다'는 깔끔한 답변.

그날의 경기 후의 잔상은 꽤나 오래 남았다. 뒤이어 열린 2024 파리 올림픽 양궁 경기를 꼬박꼬박 챙겨 본 건 당연지사. 객관적인 데이터로 볼 수 있는 맥박수는 화제로 남기에 충분했다. 그들의 평정심은 페르소나가 아니었다.

사람은 긴장하면 교감신경계가 활성화된다. 자연스럽게 심박수가 높아진다. 이렇게 되면 집중이 떨어져서 좋은 결과를 낼 수 없다. 그렇기 때문에 양궁 선수들은 심박수를 낮추는 훈련을 진행해 왔다. 검색한 바에 따르면, 평정심에 이르기까지의 과정이 꽤나 혹

독하다. 자정부터 아침까지 홀로 화장터와 해안가, 고속도로 등을 걷는 심야 행군, 번지점프, '탱크' 옆에서 화살 쏘기…. UDT 못지않다.

 이후 나는 경북도서관에서 여름방학특강 〈신문 글쓰기〉 수업을 할 때, 양궁을 글감 중 하나로 넣었다. 우선 김제덕 선수의 인터뷰 기사를 출력해 아이들에게 건네줬다. '팔은 안으로 굽는다'고 아이들의 집중력은 대단했다. 양궁을 하게 된 계기와 평소 생각 등을 나눈 인터뷰 기사였다. "너희들도 김제덕 선수에게 질문 3가지만 적어 보자. 인터뷰어라고 생각하고." 천진난만한 아이들의 질문은 나름 깊이가 있었다. "양궁을 안 했더라면 어떤 직업을 택했을 것 같나요?" "예천초 ○○○ 선생님을 아시나요?"와 같은 지역사회 특유의 '아는 사람' 질문도 나왔다. 아이들의 목소리는 날로 높아져 갔다. 아이들의 어깨마저 올라가는 듯했다. 한 지역의 유명인사의 힘은 어마어마하다는 걸 다시 한번 확인했던 날이기도 하다.

 그렇게 양궁을 향한 나의 애정이 날로 높아지던 날, 기회는 오고야 말았다. 금당실마을에서 활쏘기 체험을 하게 된 것이다. 행사에 함께 동행한 문화해설사는 "예천이 처음 활의 고장으로 명성을 얻게 된 것도 전통 활과 화살을 제작하는 궁시장들이 대거 배출됐기 때문"이라며 "일제강점기로 끊어졌던 전통 활(각궁) 제작의 명맥을 재현한 고장도 예천이다. 예천에는 4대째 가업을 잇고 있는 국가무형문화재 제47호 궁시장(弓矢匠) 권영학 명장이 있다. 그런데 경기 부천에서 활동한 故 김박영 궁시장, 서울시무형문화재 23호 권무석 궁장도 예천 출신이다. 전국 각지에서 활동하는 궁시장들의 대부분이 예천의 활 제작기법을 전수받았다."라고 자세히 설명했다.

"까짓것 해 보지 뭐." 하고 섰다. 막상 활을 잡고 팽팽하게 당겨 보니 어설프기 그지없었다. 과녁을 향해 빵! 역시 못 맞췄다. 쉽지 않았다. 그렇지만 잡생각이 찾아올 수가 없는 그 '순간'이 여전히 기억난다. 내 손과 과녁만을 바라보던 그 찰나. 그 감각.

임시현 선수는 〈보그〉와의 인터뷰에서 이렇게 말한다.

"양궁은 장비를 가지고 하는 경기여서, 뭔가 딱딱 맞아떨어져야만 좋은 결과가 나와요. 그때 화살에 대한 통제감을 느낄 때가 있어요. 내가 계산한 대로 꽂히는 느낌, 시위를 당기면서 '이거 10점이다' 하는 순간의 느낌…. 그때 '내가 이 맛에 양궁을 계속하는 거지'라고 생각해요."

외유내강의 표본. 자신과의 싸움. 겸손의 미덕. 양궁을 하지 않더라도, 의식하고 살면, 나도 좀 평정심 분야에서 레벨 업 할 수 있을까?

☞ **예천진호국제양궁장**
주소: 경북 예천군 예천읍 양궁장길 38

PART 2

아지트 인 예천:
촌캉스의 나날

물맛 좋다는 '단샘' 예천, 때 밀기 좋은 날

만난 지 5분도 안 된 사이, 알몸으로 대화를 나누는 사이, 반말로 이것저것 물어도 '실례'가 아닌 '인사'로 느껴지는 사이. 이 특이하고도 묘한 대화가 오고 가는 곳은 어딜까. 바로 '여탕 사우나'다.

몇 안 되는 취미 중 하나, 사우나 가기다. 20대 초반부터 이어 왔다. 뜨거움을 견디며 흐르는 땀방울. 그 개운함. 심신이 지칠 때, 고단할 때 마음속에서 드는 생각 중 하나 '아… 지지고 싶다….' 국어사전을 찾아보면 '지지다'라는 말의 공식 뜻은 이렇다. 불에 달군 물건에 대어 태우거나 눋게 하다. 사람에 해당하는 말은 아닌 듯한데, 사우나에 제일 잘 맞는 어휘는 '지지다' 같아서 스스로 우기고 있다. 이 말을 이해하는 사람은 분명 사우나 고수(달인)일 것이다.

이사를 다닐 때마다 마트에 이어 사우나 투어에 나선다. 더욱이 예천은 기대가 많았다. 왜냐. 예천의 옛 지명 '단샘' 때문이다. 예천(醴泉)은 물맛이 좋다 하여 '단샘'이란 뜻으로 불리었단다. "봉황은 벽오동 나무가 아니면 깃들지 않고, 대나무 열매가 아니면 먹지 않고, 예천(단샘)이 아니면 마시지 않는다"라는 〈장자〉 이야기도 이곳 사람들의 자부심 중 하나다. 예천 역시 '단술 예'에 '샘 천' 자를 쓴다. (진짜 물이 좋은지 여부는 샤워기 필터로 알 수 있다. 이사

온 지 240일이 넘었는데 필터가 하얗다. 물론 집집마다 배관 상태에 따라 다를 수도 있겠다.)

뭐든 가까울수록 좋은 법. 예천 읍내에 있는 목욕탕부터 소개해 보려고 한다. P 목욕탕. 가격이 저렴하다. 가격은 대인 7,000원. 목욕탕 내부에서 제일 잘 보이는 색상은 민트와 옥색 그 중간이다. 밝으면서도 어두운 하늘색이랄까. 그렇다. 옛날식 타일 목욕탕이다. 나는 이 색상을 이겨 낼 수 있다. 오직 사우나만 있다면. 놀랍게도 사우나만큼은 리모델링이 되어 있다. 안에 TV도 내장되어 있다.

P 목욕탕에 간 첫날. 외부인이라는 것을 감지한 현지인의 눈빛을 감지할 수 있었다. 어차피 뭐 자주 올 거 신상을 살짝 알렸다. 경계심이 묽어졌다. 원래 목욕탕마다 분위기가 다른 법이다. P 목욕탕의 사우나 문화는 생각보다 깔끔했다. 샤워 후 입장하기. TV 프로는 주로 〈서민 갑부〉와 한창 인기 높은 '트로트 계열' 라인. 사우나 멤버들은 가수의 노래 평가나 오늘 반찬 비법을 제외하고는 크게 목소리를 높이는 법이 없었다. 실리콘 부항기, 림프를 만져 주는 놋그릇, 죽염이나 미용 소금 등과 같은 핫한 물건도 없었다. 가운데 놓인 건 모래시계. 기본에 충실한 곳. 내가 P 목욕탕을 단골로 찜한 이유이기도 하다.

한천 앞에는 D 목욕탕(감천칼국수 옆에 있다)도 있다. D 목욕탕은 P 목욕탕이 쉬는 날, 입문하게 되었다. 예천 토박이 작가에게 물으니 "자신은 엄마와 종종 가는 곳"이라고 귀띔했다. D 목욕탕은 P 목욕탕과 결이 달랐다. 내부는 비슷비슷했지만, 사우나는 규모가 작았다. 사람 여섯에 꽉 찼다. 무엇보다도 중간에 '고스톱'이 있었다. 삼삼오오 모여 취미로 정착된 것 같았다. 몸을 지지면서 치는 고스톱이라, 구경하는 것만으로도 색달랐다. 공짜로 새참을 얻어먹는 듯했다. P 목욕탕보다는 단골끼리 조금 더 친밀함이 있는지 머리 말리는 곳에 "우리 야유회 가요."라는 안내문도 볼 수 있었다.

예천온천은 워낙 유명하지만, 빼먹으면 섭섭할 듯해서 담아본다. 여긴 365일 내내 사람이 많다. '목욕 문화'가 일상인 것을 빼곡한 주차장에서부터 확인할 수 있다. 관광객보다 현지인이 많아 보인다. 입구에 온천수 홍보 글도 놓칠 수 없다. 요지는 '강알카리성이라 수질이 부드럽고 좋은 점이 많다'는 것. 이곳은 야외 노천탕(남녀 구분)이 있어 휴식을 취하기에도 제격이다. 유명 일본 온천 정도는 아니어도 기대 이상으로 괜찮다. 저녁에 오면 별이 쏟아질 듯 보인다. 게다가 라디오도 틀어 줘서 분위기를 더해 준다. 특히 소규모 목욕탕이 부담스럽거나 '낯선 타인'이 되는 쪽을 원한다면, 예천온천을 추천하고 싶다. (온천 후 인근 '석송식당'의 추어탕도 강추한다.)

나의 20대와 30대는 사우나 이용도 모양새가 다르다. 20대에는 진로 고민이 많았던 터라, 사우나가 좋았는데 이제 와서 보니 그때의 내가 스스로 귀엽다. 또 그 당시 사우나와 함께 숍에서 마사지 받는 것을 즐겼는데, 주로 '소비'하고 누리는 데 목적이 있었다. 타인에 의해 안락함을 누리는 것. 외주(돈)로 휴식을 얻는 것. 고로 세신 비용도 적잖게 썼다. 욜로의 계절.

지금은 다르다. 직접 때를 민다. (온갖 경락 마사지도 안 받으면 다시 원상태로 돌아오는 관성의 법칙을 알뿐더러… 그간 쓴 돈… 슬프다.) 시골 사우나에서 만나는 어르신들을 보면 등을 제외하고는 본인이 민다. 기운이 있을까 싶은데, 시간이 오래 걸리더라도 직접 민다. 그것을 보고 좀 숙연해졌더랬다. 할 수 있을 때까지 스스로 몸을 돌보는 시간으로 보였기 때문이다. 냉온탕을 교차로 드나드는 목욕법도 덕분에 익혔다. 진짜 혈액순환이 좋아지는지 어떤지는 몰라도 '개운한' 느낌 탓에 자주 하고 있다. (세신사 실력이 끝내준다는 곳은 S목욕탕에 있다고 들었다. S 목욕탕 역시 읍내에 있는데, 바닥에 앉아 사우나를 즐길 수 있다.)

세신은 직접 하지만, '노동'의 현장은 따로 관찰한다. 청소하는 아줌마, 계산대 아줌마 등 여탕에서 일을 하는 여성들은 연령도, 출신도 다양하다. 전에 다녔던 단골 목욕탕에는 연변에서 온 조선족 세신사와 칠순을 앞두고 일을 그만둔 세신사가 있었다. 이렇게 여탕에는 목욕을 하고, 일을 하러 가는 여성이 있다. 전업주부든 워킹맘이든 수많은 '돌봄 노동'을 수행하러 가기 위해 여탕에서 만반의 준비를 한다. (P 목욕탕에서는 큰 얼음을 망치로 깨는 세신사도 봤다. 아이스 감식초 제조 중이었는데, 무슨 조각가인 줄 알았다.)

또 하나, 여성의 몸에 대해 사유하게 된다. 뜬금없고 당연한 얘기지만, 30대가 넘으니 내 시야에 들어오는 '몸'의 형태가 다양해졌다. 예컨대 어릴 땐 '날씬', '통통', '뚱뚱'으로 몸을 개념화했다. 그러다 아이를 낳고 나니, 전혀 다른 것들이 보인다. 한 어르신의 몸에 문신처럼 남겨진 세로줄의 제왕절개 자국이 눈에 들어온다. 의료기술이 발달하지 않았던 시절이어서 더 그랬을 것이다. 허리 수술을 했는지, 상처가 짙은 갈색으로 물든 어르신의 등 자국에서도 시선이 잠시 멈춘다. 그런 자국이 있어도 여성은 여성이다.

여탕에는 '음식'도 있다. 사우나 안에서는 수많은 대화가 오고 갈 때가 있다. 김장철에는 배추 몇 포기를 샀는지 등의 김장 계획을 들을 수 있다. 세상 물정 잘 모르는 나는 배추와 무 가격도 알게 되고, '브로콜리 김치', '토마토 김치' 등 세상엔 별의별 김치가 있다는 걸 여탕에서 배웠다. 그렇게 음식 이야기를 듣게 되면 또 허기가 져서 삶은 달걀을 사 먹는다. 나는 종종 아이스커피나 감식초를 사 먹는다.

마지막으로 여탕에는 '맘충'이 없다. 정확히 말하면, 아무도 '맘충'이라고 비아냥거리는 이가 없다. 82년생 김지영을 비롯해 72, 62, 52년생 김지영들이 가득하기 때문이다.

사우나 마니아인 나는 핀란드에 꼭 가고 싶은 버킷리스트가 있다. 핀란드는 워낙 사우나로 유명하니까. 이왕이면 숲과 호수로 둘러싸인 자작나무 집이었으면 좋겠다. 물 좋기로 유명한 예천의 목욕 문화는 대략 이러하다는 글을 쓰고 싶었는데, 사족이 길었다.

비하인드
이니셜 정답 → P: 파라다이스호텔 목욕탕, D: 대연호텔 목욕탕 S: 세종사우나

☞ **예천온천**
주소: 경북 예천군 감천면 온천길 27

산란한 날에는 무궁화호 보러
시골 기차역 간다

시골에 와서 놀란 것 중 하나, 무궁화호가 살아 있다는 것이었다. 하여 '기차 여행'도 다녀 봤다. 작은 시골역에서 그나마 큰 '시' 단위로 나가는 것. 그건, 적잖은 생기를 불어넣어 줬다. 예천의 개포역과 용궁역에서는 영주와 김천으로 나가 봤다.

물론 더 놀란 건, 여전히 무궁화호의 냄새는 어린 시절 맡았던 것과 크게 다를 바 없다는 것이었다. 탈취제를 뿌려도 해결되지 않을 것 같은데, 또 없어지면 서운할 것 같은 스멜. 여전했다. 수없이 많은 변화의 일상 속에서 냄새의 여전함은 왠지 모르게 안도함을 선사해 줬다. '넌, 그대로구나?'

공항과 기차역은 비슷한 공통점이 있다. 떠나는 장소, 돌아오는 장소. 정주와 떠남의 본능은 인간이 지닌 모순적인 타고남 아닐까. 집을 사고 안주하고 싶은 마음과 또 그곳을 떠났다가 회귀하고 싶은 모호함. 또 그 분위기를 타기 위해, 애달프고 고달픈 현실을 이겨 내며 밥벌이를 한다.

예천 용궁역도 내게 그런 곳이다. 어쨌든 한 번씩 기차가 다니고, 풍경이 이질적이지 않다. 무궁화호와 걸맞은 논밭 뷰. 한 번씩 그리 크지 않는 용궁역을 서성이기도 했다.

그러다 비교적 최근, 용궁역이 정비되었다. 정비를 하려는 움직임이 방치된 느낌이 있었는데 드디어 해낸 것이다. 카페도 생겼다. 아직 남아 있는 무궁화호를 바라보며 아메리카노를 한잔할 수 있다. 그럴 듯한 시골역의 변신. 거창하지 않아도 그럴싸함이 있다.

용궁역에 대한 정보를 좀 적어 보자면, 아래와 같다.

'환생'을 모티브로 용궁역 일원에 조성된 용궁역 테마공원은 2019년 5월 용역 수립 후 총사업비 32억 5천만 원의 사업비를 투입해 용궁면 읍부리 366-2번지 일원(9,423㎡)에 조성하고 올해 10월 개장했다. 주요 시설로는 테마공원에서만 체험할 수 있는 환생 미디어아트 영상관과 기존 수하물창고를 리모델링하고 전국 유일 열차가 다니는 기찻길 바로 앞 카페인 '카페 용궁역'이 있다. 또한, 용궁을 지키는 12해신 조각상과 파고라 쉼터, 분수대 등이 조성돼 있고 별주부전을 현대적으로 각색한 인형극인 '오토마타'가 용궁역 안 전시 공간에 마련돼 있어 아이들에게 즐거움을 주는 것은 물론 전 세대를 아우르는 다양한 볼거리들로 가득하다.

하지만 이러한 객관적인 보도자료 설명만으로는 표현이 어려운 분위기가 분명 있다.

내 경우 여행객이 아니니, 바로 옆 동네이니, 용궁역은 여행의 시선으로 보지 않게 된다. 현실의 나를 붙잡아 준다. 엄마라는 역할 속에서 비집는 산란함을 잡아 준다. 어디 떠나지 않아도 떠나고 싶은 마음을 알 것 같은 느낌이랄까. 굳이 기차에 몸을 싣지 않아도 카페 안에서 커피를 홀짝이며 바라보는 것만으로도, 간접 해소가 되는 착각.

이렇게 시골 사람들은 저마다의 장소를 품고 산다.

나만의 궤도 이탈을 소개하고 싶어진 건, 모두다 산티아고에 갈 수 없어서다. 그렇지만 국내에서는 비슷한 순롓길을 추천할 수도 있다. 오히려 거창하지 않고 현실성이 있다. 시골역은 나에게 선물을 안겨 준다.

여행자와 생활인의 경계에서 사는 새뜻한 기분을.

☞ **용궁역 경북선**
주소: 경북 예천군 용궁면 용궁로 80

시골 펍의 매력… 시골의 낮과 밤은 달라

"우리 꼭 시골로 이사 가야 해?"

자동차 뒷좌석에 앉은 소녀는 삐죽거린다. 표정에는 불만이 가득하다. 엄마 아빠는 듣는 둥 마는 둥 본인들의 풍경 구경에만 집중한다. 그러다 멈춘다. 길을 잘못 든 것이다. 터널 인근. 호기심 가득한 부모는 터널 안으로 들어가 보려고 한다. 그냥 돌아가고 싶은 소녀는 마지못해 끌려 들어간다. 부모는 음식을 먹고 돼지로 변한다. 소녀는 난관을 헤쳐 나간다. 터널 이편과 저편 사이. 애니메이션 〈센과 치히로의 행방불명〉은 터널 안에서 펼쳐지는 새로운 세계를 그린다.

이 영화는 아들이 10번도 넘게 본 영화다. 덕분에 나도 간접적으로 힐끗 여럿 봤다. 무엇이 아들을 반복 재생하도록 매료시킨 것일까. 아마도 이질감과 신세계 때문 아니었을까 싶다. 추측이 맞다면, 예천도 내게 그러했다. 다름의 공간. 터널 저편 사이. 도시와 미묘하게 다른 시골의 모습들. 같은 해와 달을 보고 살아도, 그 안에 살아가는 모양새는 비슷하면서도 달랐다.

아쉬운 점은 하나 있었다. 바로 읍내의 밤을 거니는 것. 이건 뭐 신라의 달밤도 아니고. 보통의 영유아 아이를 키우는 엄마들은 하원과 하교 시점에 맞춰 돌아가야 한다. 평균 오후 4시에서 5시 사이, 신데렐라처럼. 그러니 어찌어찌 초저녁에 나올 수 있어도 밤은 그리움의 대상이었다.

가고 싶었던 곳도 명확했다. 읍내 카페 루나. 루나는 낮에는 카페, 밤에는 펍으로 변모하는 곳이다. 글쓰기 수업을 하며 만난 학인 중 한 분은 그곳에서 종종 손님으로 놀러가서 전자 키보드를 연주한다고 했다. 밤마다 열리는 미니 콘서트라니.

대략 2년을 기다렸다. 적재적소의 타이밍은 오고야 말았다. 예천살이를 함께했던 친한 동생이 떠나게 된 것이다. 머나먼 미국으로 2년가량. 루나에 갈 이유가 충분했다. 저녁 8시 무렵, 아이를 맡기고 도착한 루나. 둘 다 눈이 커졌다. "우리가 알던 예천 맞아?" 동생은 말했다. "언니, 여기 〈센과 치히로의 행방불명〉 같아요." 낮에는 꺼져 있던, 아니 폐업한 줄만 알았던 시골 당구장과 단란주점, 노래방은 화려하게 네온사인 불빛을 켜 놓고 손님을 유혹하고 있었다. 그토록 뻔질나게 드나들었던 사거리가 꽤나 낯설게 다가왔다.

루나 역시 그러했다. 루나 카페의 건물은 성당을 모티브로 했는데, 밤이 더 빛났다. 아치형 통창에서 나오는 노오란 불빛과 청고 벽돌이 고급스러웠다. 손님 두어 명이 술 대신 생과일주스를 마시고 있었다. 우리는 와인(사장님 추천)과 치즈를 주문했다.

대화는 무르익었다. 아이를 키우며 지나온 욕망과 욕구, 과거와 현재, 미래의 연결점을 나누었다. 어쩌다 예천에 와서 만난 사람들과 장소까지. 그러다 사장님이 키보드 앞에 앉았다. 요즘 한창 연습하고 있다는 곡과 스토리까지 곁들여 설명해 주셨다. 대화를 나누며 한 모금, 음악을 들으며 한 모금, 그 순간을 음미했다.

시골 펍의 매력, 스몰토크. 루나 카페 사장님의 이야기는 얼추 알고 있었다. 내가 객원기자로 일을 했던 《예천산천》에서 편집장이 인터뷰를 하기도 했고, 낮의 카페에서 대화를 나누기도 했었다. "사장님, 이 친구 내일모레 미국 가요. 버펄로. 뉴욕주." "나는 미주리에 있었어요. 시골. 하하." 앞으로 예천을 떠날 사람과 예천을 떠났다 돌아온 사람의 대화라니.

예천 토박이 사장님은 고향을 떠나 20여 년간 미국에서 살았다. 미주리에서 10년 간 음악학원도 경영했었다. 그러다 노쇠하신 부모님이 마음에 걸려 2009년 돌아온 사연이 있다. 그는 고향에서 어떤 일을 하면 좋을까 고민하다가 북카페를 보고 비슷한 공간을 꿈꿔 루나를 오픈했다. 루나에는 드럼이 있다. 그의 친구다. 드럼을 오래 잘 쓰고 싶어 튜닝과 수리 기술까지 배웠단다. 가게 내부의 소품에 대한 것까지. 이런 이야기들은 루나에 가면 들을 수 있다.

그렇다. 특유의 친근함이 그에겐 있다. 일본 만화 〈심야식당〉의 주인공이 츤데레 타입이라면, 그는 조금 더 섬세하다. 재즈바를 운영했던 작가 하루키의 가게가 이러했을까, 가늠해 보기도 했다. 확실한 건, 루나에는 풍성한 마법이 있다. 문을 열고 들어서면 의문의 터널 안으로 들어온 듯하다. 혼자 가더라도 소외감은 못 느낄 것이다. 고독한 영혼에 위로를 안겨 줄지언정. 퍼블릭 하우스의 약자인 펍의 주인이 되기에 제격인 셈이다.

   그날 우리 외에도 아래층에서는 양궁 코치들이 음주를 즐겼다. 계산대 앞에서 그들은 "내일 또 올 것"이라는 멘트도 날리고 있었다. 단골인 모양이었다. 또 하나의 이색 풍경. 루나 안에는 사장님의 풍산개, 구름이가 있다. 노견인데 꽤나 순하고 조용하다.

   밤의 카페, 아니 밤의 펍에서는 손님들이 돌아가며 풍산개 산책을 시켜 주고 있었다. 횡단보도를 같이 거니는 손님과 풍산개. 와인 한 모금을 마시며 바라보는 그 풍경은 유쾌한 웃음을 자아냈다. 맥주의 도시, 덴마크 코펜하겐. 어느 펍에는 이런 문화가 있다고 한다. 달리기를 한 후 맥주 마시기. 건강하게 즐기기 위해서란다. 그렇다면 루나에는 풍산개와 걷기가 있는 셈이다. 버펄로에 간 동생은 '루나'의 그 밤을 오랫동안 잊지 못할 것 같다며 최근 안부를 보내왔다. 언젠가는 다시 루나라는 공간에서 만나 우리들의 이야기를 이어 가겠지. 또 다른 꿈이 생겼다. 다시 방문하기.

비하인드
아참, 이날 와인값은 미리 온다는 정보를 받은 글쓰기 학인이 대신 내 주고 갔다. 계산할 때 알았다. 기프티콘보다도 찐한 감동. 시골은 이런 이벤트도 가능하다.

☞ **카페 루나**
주소: 경북 예천군 예천읍 중앙로 27

토박이와 함께 드라이브 떠나요

나는 글쓰기 수업을 할 때 이 글감을 꼭 기획안에 넣는다. "당신의 아지트는?"

흔하디흔한 집 앞 동네 카페라도 타인의 아지트라 하면, 상대방의 내밀한 공간을 슬쩍 훔쳐보는 듯하다. 성향과 성격에 따라 스토리도 제각각이다. 사장님의 스토리, 친절도, 시키는 메뉴, 방문한 그날의 날씨 등등.

후보군을 고민하는 학인들은 있어도 그런 공간이 없다는 학인은 아직까지 못 봤다. 부엌 옆 다용도실에 미싱을 두고 아지트라 칭하는 학인도 있었다.

"저는 집순이 스타일이라, 볼일이 없으면 집에 있어요. 제 공간이 있거든요. 다용도실을 활용한 미싱방. 아이 낳기 전, 재봉틀 수업을 들었어요. 딸아이 옷을 만들어 주고 싶은 로망이 있었거든요. 지금도 속 시끄러울 때면 재봉틀 방으로 들어가요." '자기만의 방'이 있어야 한다는 버지니아 울프의 말마따나, 다들 부러워하는 기색이 만연했다. 뒤이어 한 학인은 자동차를 아지트로 선택했다고 말했다. "저는 그런 방이 없어요. 대신 차 안이 그런 역할을 해요. 코로나 시국에 차 안에서 가만히 있는 게 참 좋더라고요."

학인 S는 자신이 거주하는 아파트 안, 나무가 심겨 있는 곳을 꼽았다. "저는 가을이 오는 그 시기를 향으로 알아요. 달고나 냄새가 풍기거든요. 솔솔. 처음에는 누가 달고나를 만드나 보다 했어요." 학인 S는 다음에 만날 때 '지금 그 향이 난다'며 자세한 위치를 알려 주었다. 나는 기어이 갔다. 호명읍의 한 아파트. 210동 1-2호와 3-4호라인 사잇길. 그 나무의 정체는 바로 '계수나무'였다. 계수나무에 단풍이 들면 잎 속에 들어 있는 엿당 함량이 높아지면서 달콤한 냄새를 풍기는 것으로 알려져 있다고 포탈에 나와 있었다.

아지트는 사실 '발견'의 영역이기도 하다. 나의 관심사와 취향이 긴밀하게 연결되어 있기 때문이다. 한 학인은 이렇게 말했다. "선생님, 제가 가만히 생각해 보니까요. 전 친절한 사람들을 좋아하는 것 같아요. 제 아지트 카페도 그 사장님이 친절해서 더 마음에 들었나 봐요."

장소의 근원에는 나 자신이 있다.

한 학인은 이쯤 되면 '아지트'가 아니라 '안식처'가 더 어울리는 게 아니냐며 웃었다. 아지트든 안식처든 정서적 쉼표든, 공유의 시간 우리는 한마음으로 느꼈다. 이건 고급 정보라고. 무엇보다도 나는 토박이들에게 듣는 정보를 귀히 여긴다. 특히 검색 매체에 크게 나오지 않는 시골의 정보는 더욱 그러하다.

예천에서 만난 학인 K는 토박이였다. 10년마다 직업을 바꿨다고 했다. 학습지 지부장부터, 대학교수, 문화해설사, 심리상담사 등을 거쳐 간 명함. 부지런한 일벌 성향이 다분했다. 최근에는 예천 희망키움센터에서 지역 마을활동가 교육을 들으며 공부를 한다고 했다. "쌤, 요즘 저는 다양한 아이디어를 나누고 있어요. 빈집 활용법이라든지, 지역 음식 활용법이라든지요. 젊은 사람들이랑 하고 있어서 묻혀 가요. 그런데 재미있어요."

가을의 초입, 그녀에게 데이트를 신청했다. 전화가 왔다. "선생님, 예천 지리 잘 모르잖아요. 아무래도 제가 잘 아니까, 청소년수련관에 차를 두고 한 차로 가는 건 어때요? 제 차로 가요." 반가운 제안이었다. 점심은 통명묵밥. "이곳이 풍수지리에 좋대요." 점심에는 차 댈 곳도 찾기 어려울 정도로 유명한 곳이지만, 학인에게 듣는 그곳만의 스토리가 여느 '음식 칼럼'보다도 더 재미났다.

점심을 먹고 아는 카페를 갈 요량이었는데, '청우정'을 아냐고 했다. 처음 듣는다고 했더니 전화를 건다. 최근에 〈여배우의 사생활〉 촬영에 나온 곳이었다. 보문초등학교 폐교 자리였다. 부지의 규모가 컸다. 소설 《토지》의 무대 악양면 평사리 최참판 댁이 연상되었다. 학인은 큼지막한 위엄보다도 그곳에서의 작은 속살을 보여 주고 싶어 했다. "이쪽에서 보이는 저 작은 길을 걷는 것을 저는 좋아해요. 저 안쪽으로 거닐면 다시 돌아오면 얼마나 길이 예쁜지 몰라요. 실개천도 흐르고요."라며 창가 쪽에서의 풍경을 손가락으로 가리켰다.

청우정을 나와 보문면 드라이브를 했다. "선생님, 저기 저 내성천 위쪽 보이죠. 저 집. 제가 저 집을 사고 싶은데 안 팔아요. 하하." "여기는 제 친구 집이에요. 화가라서 작품 활동을 계속해요. 아니, 얘는 왜 이걸 아직까지 안 땄지? 작은 소나무 심어 둔 것 좀 봐요." 이런 사적인 대화에서 이 지역을 향한 학인의 애정이 보였다. 토박이들은 좁은 사회에서의 생채기가 있다. 그러나 싫었으면 진즉 떴을 것이다.

놀멍 놀멍 하듯, 브레이크를 밟고 멈췄다, 갔다를 반복했다. 차가 많이 다니지 않아 가능한 일이었다. 클라이맥스로 도착한 곳은 그녀의 아지트, 언덕배기. 그곳에는 한눈에 내성천과 아까 지나쳐 왔던 집들이 눈이 보였다. 그곳은 과거 그녀의 '숨통'이었다고 했다. 한창 바빴을 시기, 육아와 살림과 일에 치였던 그 시절, 한 번씩 왔다고 했다. 그때는 정비되지 않아 정말 '아는 사람들만 알았을 곳'이라는 부가 설명과 함께. (궁금할 독자를 위해 밝힌다. 그곳은 도정서원 입구 옆 언덕배기다.)

우리는 내성천을 함께 바라보았다. "예전에는 이렇게 식생이 없었어요. 갈대숲과 잡목, 잡초가 없고 금빛 모래톱 백사장과 맑은 강물이었죠. 옛날 조상들은 겨울이면 모래 안쪽에 무를 묻기도 했다고 해요. 그물을 걸어서. 지혜인 것이지요. 청소년 수련관 앞에 김소월의 〈엄마야 누나야〉 시가 있어요. 그 시가 참 어울리는 곳이죠."

찰칵찰칵. 나는 사진으로 그곳을 남겨 두고, 잠시 말을 멈췄다. 그저 그렇게 말없이 풍경을 눈에 담아 뒀다. 지금 이 글을 쓰려고 초고를 쓰는 도중, 딱 학인에게 맞는 소설을 떠올렸다. 박완서 작가의 〈대범한 밥상〉이다. 할머니가 손주들을 키운 이야기가 나오는 부분이 있다. 놀러 온 친구에게 자신의 취미를 말한다. 이제 다 출가한 손주들에게 사진을 보낸다는 것이다. 그리고 이렇게 말한다.

"교신. 디카 들고 다니면서 앞산의 아기 궁둥이처럼 몽실몽실 부드러운 신록부터 자지러지게 붉은 단풍까지, 마당의 일년초가 피고 지는 모습, 숨어 사는 작은 들꽃들, 아이들하고 장난치던 시냇물 속의 조약돌들, 무당벌레, 풍뎅이, 지렁이, 매미 껍질, 뱀 껍질, 아이들하고 같이 보면서 가슴을 울렁거린 추억이 있는 것만 보면 닥치는 대로 디카로 찍어서 즉시즉시 아이들에게 보내곤 하니까. 이 할미는 잊어도 너희들을 키운 이 고향 산천은 잊지 말라고, 주접떨고 싶어서 여길 못(따)떠나나 봐. (중략)"

《대범한 밥상》(박완서, 문학동네, p. 395)

그날, 데이트를 한 학인은 말했다. "요즘 보면 인천에 사는 며느리가 예천을 더 좋아하는 것 같다"라며. 학인이 고향 산천을 못 떠나는 이유를 알 것 같았다.

로컬의 맛.

우리가 둘러보았던 그 길은, 《매일신문》에서도 정보성 글로 나와 있었다. 기사의 내용은 이러하다. "예천 보문권역은 다가올 봄, 꽃놀이 드라이브 코스로 제격인 곳이다. 예천 보문면 벚꽃길은 경주 보문단지 벚꽃만큼이나 벚꽃이 장관이다. 예천읍에서 10분 정도 거리에 있는 예천IC 인근 보문로를 시작으로 내천성을 따라 문수로로 이어지는 벚꽃길은 길이만 약 12㎞ 달한다. 이곳 벚꽃길은 잘 알려지지도 않아 벚꽃놀이가 한창일 시즌에도 인적이 드물다. 덕분에 봄바람을 맞으며 드라이브를 즐기기에 딱 좋은 곳이다."

　맞는 글이지만, 만약 이 기사만 읽었더라면 나는 드라이브를 떠나지 않았을 것 같다. 이 길을 누구와 함께 떠나냐에 따라 또 '로컬의 맛'은 달라지는 법. 토박이에게 듣는 도슨트는 '지역의, 지역에 의한, 지역을 위한 작은 여행'이었다. 정체성이 뚜렷한 지극히 사적인 개인의 공간들. 그곳을 오래 점유하고 있지 않아도 그 공간 안에서 나는 한없이 유해지고, 이성의 영역보다는 감성이 이기고 만다. 그날, 평범하지만, 위대했던, 찬란했던 우리의 데이트를 기억해야겠다고 나는 노트북 앞에 앉아 이 글을 적어 내려갔다.

비하인드

이날 이후, 신풍미술관에서 경북도립대 학장을 우연히 뵈었다. 고향이 보문면이라고 하셨다. 부산서 살다 다시 돌아오셨다며. 보문면 곳곳을 이야기하니, 눈이 동그래지면서 드라이브길은 영주 무섬마을과도 연결된다며, 예찬하셨다. 오랫동안 헤어졌다가 뜻밖에 다시 만난다는 해후(邂逅)가 이럴 때 딱 어울리는 말이 아닌가 싶었다. 보문면 해후.

150년 넘은 고택 '삼연재', 집 구경하기

"유목민들은 남의 나라를 점령해도 땅을 점유할 생각은 하지 않는다. 풀은 뜯어 먹으면 일 년이 지나야 다시 돋으니까 정착을 하면 양들이 죽기 때문이다. 그런데 농경민인 우리는 정착이 생명이다. 옆에서 손질하며 세심하게 돌봐주지 않으면 곡식이 영글지 못한다. 그래서 농경민에게는 의·식·주 삼항 중에서 집이 가장 중요해진다. 정착해야 하기 때문이다. 그건 모든 농경민의 숙명이라고 할 수 있다. 그래서 한국인들은 집에 더 많이 집착한다."

《글로 지은 집》(강인숙, 열림원, p. 10)

《글로 지은 집》에서 만난 문장이다.

한국인에게 집이 갖는 의미는 남다르다. 요즘에는 '집'의 근본적인 의미보다도 '부동산'에 집중되어 있다. 영어로 '하우스(house)'라 불리는 물리적인 공간을 넘어 그 안에 살아가는 가정, '홈(home)'의 의미가 희미해져 가고 있다. 지금의 부동산은 자산과 연결된다. 내가 사는 지역과 평수 등 모두 숫자로만 이야기를 한다. 옳다 그르다를 말하려는 건 아니다. 단지 이 반대의 모습. 자산이 아닌 집 자체의 가치를 추구하는 분들을 보면, 존경심이 든다.

예천서 발견한 그런 집 중 하나. 바로 삼연재다. 삼연재는 고택 이름이다. 보문면에 있다. 단연 100년이 넘었다. 여름의 어느 날, 서울서 친구가 놀러 온다고 해서, 숙소를 알아보다가 찾은 곳이다. 저녁 늦게 도착한 곳. 뒷간 화장실이 방 밖에 있어 무서움을 이기고 가야 했다.

다음 날, 아침이 되어서야 ㅁ 자 형 한옥인 삼연재를 둘러볼 수 있었다. 알고 보니 인간극장에도 나간 집이라 워낙 유명한 곳이었다. 집도 집이지만, 살고 있는 사람의 태도가 나를 홀리게 만들었다.

삼연재의 스토리, 궁금하지 않은가. 고택 주인장의 아들과 결혼을 한 며느리. 미술을 전공한 며느리는 나와 크게 나이 차가 나지 않았다. 고택에 끌리는 유전자가 있는 걸까. 시어머니도 고택에 반해 문경서 시집을 왔단다.

"막상 한옥에 와 보니 오랜 시간 방치된 흔적이 많았어요. 물건 역시 정리를 넘어 적재되고 쌓여 있었어요. 큰 결심 후, 하나씩 정리에 나섰지요. 시부모님께서 환영했어요. 함께 손을 보탰어요. 방을 하나씩 정돈하면서 숙박도 시작했어요."

고택은 다시 살아났다. 한옥은 사람이 드나들고 숨을 쉬어야 도리어 컨디션이 좋아진다. 마구간으로 쓰던 공간은 며느리의 작업실로 꾸몄다. 문체부 지원 사업 덕분이었다. 며느리는 자신의 재능을 이용해 '고택 모빌'을 제작했다. 아기자기한 모빌 조각에는 바람, 한옥 지붕, 새도 있다. 서울서 발품을 팔아 재료를 구해 왔다고 했다. 여기서 그치지 않고 마을 지도도 그림으로 그려 냈다. 시간이 되면 도자기컵 만들기 등의 수업도 한다. 묵혀 두지 않고 창조하는 이. 나는 이 며느리가 일으킨 변화에 주목했다. 기어이 인터뷰도 진행했다. 지역 잡지 편집장에게 찬양을 하며, 기획을 부추겼고, 해냈다. 야호.

그렇게 또 방문하고, 다시 찾았다. 칠곡 출신인 며느리는, 자신도 그렇게 시골과 친하지 않았다면서 새롭게 알게 된 것들을 알려 줬다. "저건 들깨예요. 타작하려고 모은 거죠." 들깨 더미의 정체에 대해 그녀는 친히 설명해 주었다. 집 안 곳곳의 물건, 탱자나무, 가마솥, 연못 등에 얽힌 쓰임새와 쓸모, 깃든 이야기를 듣다 보니 시간 가는 줄 몰랐다. 그녀는 심미안 예술 수업을 집 안에서 해내고 있었다. 마리 퀴리 부인의 실험실이 '이과'라면, 여기는 '예체능' 계열.

어느 날에는 소반을 보여 줬다. 소반은 한 사람을 위한 작은 식탁이다. 사람을 존중하는 조상들의 심성이 깃든 물건이다. 본래 1960년대까지도 지방의 큰 한옥의 부엌 아궁이 윗벽에는 소반이 걸려 있었다.
"이게 뭔지 아세요? 소반이에요. 이 집을 정리하면서 소반이 가득 나왔어요. 너무 예쁘지 않아요? 이걸 고치려고 알아봤는데, 정말 우연히 이 동네에 소반 예술가분이 자리를 잡았어요. 공방도 열

없지요. 얼마나 기쁘던지."

나의 관심사를 어디에 두고 바라보느냐에 따라 건져 내는 게 달라진다는 것을, 나는 그녀를 통해 배웠다. 그래서 사심 가득, 지역 잡지 편집장님과 함께 카카오톡 단톡방을 조심스럽게 만들었다. 가끔씩 살아가는 이야기, 깨알 정보도 사부작사부작 나누자고.

"○○마을에 벽화 그리러 왔어요." "한옥 대청소 중이어요." 종종 듣는 그녀의 일상은 역시나 예술이 스며들어 있었다.

☞ **삼연재**
주소: 경북 예천군 보문면 웃노트기길 68 한옥집

송아지 우유 주던 날, 촉감은 절대 못 잊지

논 뷰 보기. 최근, 나의 낙이었다. 추수의 끝자락, 노오랗게(노랗게보다 더 진하게) 익은 들녘을 바라보며 자연이 주는 색채에 감탄했다. 살짝 밋밋한 라테에 시나몬을 뿌린 듯, 작은 활력이 되었다. '스윽' 바람이 지나갈 때마다 우수수 익은 벼들이 흔들릴 때면, ASMR을 생중계로 들을 수 있었다. 카페 마시러 나온 건데 몇 차례, 주객이 전도되었다. 논 앞에서 사진만 연신 찍고 있던 나란 사람.

어쩌면 잠깐뿐이라는 걸 알아서 그랬는지도 모르겠다. 어느새 정신을 차려 보니 추수가 끝났다. 시간은 흐른다. 서글프다. 영원한 건 없다. 11월 둘째 주, 논밭은 휑하다. 노오란색 밭이 고동색으로 변했다. 황량한 논에는 마시멜로우 공들이 놓여 있다. '곤포 사일러지'의 역할을 상당하다만, 관찰자 입장에서는 뜬금없다.

추수의 황금기였던 11월 첫째 주에는 운전 중 실수로 브레이크만 연신 밟았다. 이앙기와 트랙터가 남기고 간 진흙이 빛바랜 방지턱인지 아닌지 헷갈려서 그런 셈이다. 이건 시골 사람들만 이해할 수 있다(나 말고 또 봤다). 브레이크를 밟은 실수는 스스로에게 용납했다. 도리어 저 많은 벼를 걷어 낸 농부의 노동의 흔적에 감탄하며, 자극을 받았다. 아무리 자율주행이라고 해도, 논 위에서 보냈을 이름 모를 농부의 시간은 상당했으리라.

아이와 삼연재에 다시 다녀왔다. 바로 앞 글에서 언급한 고택 삼연재. 하교를 일찍 한 아이와 함께. 앞집 아이도 동행했다.
"태어난 지 4일 된 새끼 송아지가 있어요. 우유 주러 오세요."
희소식이었다. 그럴듯하게 포장된 농촌 체험이 아니라, 옆집 마실 가듯 방문했다. 소에게 먹이 주고(자꾸 코로나 검사하겠다고 코에 넣는 흉내를…), 송아지에게 내친김에 우유도 줬다. 나 대신 아이가. 덕분에 우리 아이는 꿀꺽꿀꺽 넘기는, 송아지의 힘찬 식욕 본능, 목젖의 힘을 손으로 직접 느꼈다. 밭에서 무도 직접 뽑고, 방울토마토는 덤. 막 낳은 달걀도 두 알 얻어 왔다. (병아리가 될 수도 있다며, 박스 안에 넣어 두기까지 했다. 순수한 생각이라 막을 수 없었다.)

그날 이후 한동안 우리는 영상을 계속 봤다. 송아지에게 우유를 먹이는 장면의 영상. 살짝 겁을 먹었지만 어설프더라도 계속 우유를 주는 아이의 모습. 아이는 몰캉몰캉했던, 식욕 앞에 장사 없던 송아지 이야기를 계속했다. 아마, 아이는 결코 못 잊을 것이다. 이건 《월든》에서 소로우가 말하는 내용과도 일맥상통한다.

"가령 한 소년에게 예술과 과학에 대하여 무엇인가를 가르치고 싶다면, 나는 그 아이를 어떤 교수가 있는 곳으로 보내는 식의 흔해 빠진 방법은 쓰지 않을 것이다. 왜냐하면 그곳에서는 모든 것이 강의되고 실습되지만 삶의 예술은 가르쳐 주지 않기 때문이다."

"다음 두 학생 중 한 달이 지난 다음에 어느 쪽이 더 발전해 있을까? 즉 한 학생은 관련 서적을 두루 읽으면서 자신이 직접 쇠붙이를 캐고 녹여 주머니칼을 만들었고, 다른 학생은 대학에 나가 야금학 강의를 들으면서 아버지로부터 '로저스 표' 주머니칼을 선물받았다면 말이다. 둘 중에 누가 더 손을 잘 베이겠는가?"

《**월든**》(헨리 데이빗 소로우, 은행나무, p. 82~83)

삼연재 방문은 나에게 적잖은 충격을 줬다.

그렇다. 나는 시골만의 노동에 넋을 잃었다. 개개인마다 지닌 재능과 이야기, 재주를 활용에 3차·4차의 산업을 발전시키는 것은 나를 매료시켰다. 융복합을 실현해 내는 사례들이 무궁무진하다. 그러다 보니, '나' 자신에 몰입하는 것보다 '주변'의 것을 보는 횟수가 늘었다. 아직 우리 엄마처럼 꽃 사진만 찍어 보는 건 아니지만, 꽃을 비롯해 벼 사진은 늘었다. 소 사진도 있구나! 더 이상 사진첩에 카페 내부, 책 사진만 가득하지 않다. (셀카는 20대에 진즉 졸업했다.)

이건 확실하다. 내 삶이 이전과는 다른 궤도에 진입했다는 것이다. 이건 혼란을 일으키기도 한다. 옳고 그름의 정답이 없어지니 모호해진다. 그러나 허둥대는 것과는 다르다. 아등바등도 아니다. 다만 내가 지니고 있던 가치관과 생각이 앓는 것이다. 충돌하는 것이다. 이상한 짬뽕 현상을 거치면, 서로 묘하게 화합하는 순간이 온다.

내 일상에 작은 변화는 예컨대 이런 것이다. 백반 가게를 가서도 반찬 하나하나를 탐구한다. 궁채, 상추 장아찌를 보고 이건 어떻게 만드는 것이며 어디서 온 건지를 알아낸다. 괜히 수다쟁이가 된다. 궁기가 아니다. 이건, 딴 세상 탐닉에 가까운 취미다. 새롭게 앎의 세계를 구축하는 것이다. 내가 알았던 범위에서 벗어나, 딴 길로 가는 것. 그런데 그 길이 더 재미있는 것.

도리어 아이가 나보다 한 수 위다. 내가 시골 베이비라고 놀리는 이유. "엄마는 제일 좋아하는 나무가 뭐예요?" 상당히 난이도가 높은 질문이다, 내게는. 잠시 엄청난 고뇌에 휩싸였다. 다시 물었다. "너는 나무를 아니?"

"우리 집 앞에 있는 저 나무는 벚꽃 나무잖아요. 저건 뭐고 뭐고…."를 읊는 녀석. (학교에서 나무 도감을 배웠다.)

결국 난 '모름'을 인정했다. "엄마가 생각해 보니 나무를 잘 모르네. 은행이랑 단풍이랑 벚나무, 느티나무, 자작나무 말고는…. 그런데 어떤 나무가 제일 좋은지는 또 모르겠네. 이제라도 알아야겠다. 엄마가 어떤 나무를 좋아하는지!"

그 후 지금까지 고민했지만, 아직 답은 못 내렸다. 몰라서 그렇다.

알베르 카뮈의 사유가 담긴 《결혼·여름》(알베르 카뮈, 녹색광선)

에는 "농부들이 올리브나무를 닮았다."라는 구절이 나온다. 이 글을 읽는 그대, 이 구절에 감이 오는가.

《빨강머리 앤이 사랑한 풍경》에 실린 루시 모드 몽고메리의 일기에는 이런 글귀가 있다.

> "일요일 아침엔 일상을 벗어나 숲의 심장부까지 깊이 깊이 들어가고 싶다."
> "이끼로 뒤덮인 늙은 가문비나무를 팔로 감싸안고, 거친 표면에 볼을 대보았다. 아주 오래된 친구 같았다."
> 《빨강머리 앤이 사랑한 풍경》(캐서린 리드 지음, 정현진 옮김, 터치아트)

나무를 친구로 받아들이는, 고수의 경지에 이르러야 대작을 탄생할 수 있는 걸까. 그 여부와 상관없이, 요즘 나는 엄청난 고민에 빠져 있다. "내가 좋아하는 나무는 무엇인가." 아들의 답에 대답하기까지 '관찰'에 나서야겠다.

깡시골 체험 마을의 반전, 고추장 만들기

 누룩 제조장 취재를 간 적이 있다. 흔한 장소가 아니라 기대감이 컸다. 누룩은 막걸리나 식초 발효에 사용되는 곡류 덩어리이다. 모르는 분들을 위해 짧은 설명을 하자면, 누룩은 밀을 파쇄하여 반죽하고 원반 모양으로 성형을 한 뒤 누룩방에서 발효를 시켜야 한다.

 2평 남짓한 누룩방의 풍경. 2m 90㎝ 높이의 나무 선반에 가지런히 놓인 2,400여의 누룩. 16개의 누룩방마다 온·습도 체크 수기명부가 붙어 있었다. 조명도 없고 벌건 불빛만 희미하게 보였다. 연탄난로였다. 연탄은 온도 유지와 잡균을 없애 주는 역할을 한다고 했다. 평균 누룩은 30일의 건조를 통해 재탄생한다.

 시시각각 변하는 자본주의 세상에서 전통방식으로 명맥을 잇는 곳. 누룩제조장의 가족은 누룩에 대한 애정이 상당했다. 가업을 이어 가는 아들은 어린 시절, 휴가를 떠나 본 기억이 없다고 했다. 누룩을 지켜봐야 했기 때문이다. 그 시절에는 원망스러웠지만 지금은 아버지의 마음이 이해된다고 했다.

 그런데 '가치'도 중요하지만, 무엇보다도 '연결'에 대한 고민이 깊어 보였다. 누룩제조장을 관광지나 문화 예술 프로그램으로 기획

하고 싶은데, 여의치 않다는 것이었다.

지금은 어떻게 누룩제조장을 운영하고 있을지 근황이 궁금해졌던 건, 예천에 와서였다. 정확히는 유천면 '유천 국사골마을'에 방문하고 나서. 이곳을 담당하는 장영인 유천국사골마을 사무장은 '연결의 달인'이다. 취재차 깍두기로 따라나섰다가 아이를 데리고 재방문한 곳. 이곳 이야기를 해 봐야겠다.

유천국사골마을은 죽안저수지라는 곳 인근에 있다. '이런 곳에 있다니' 싶을 정도로 작은 시골 마을이다. 이곳은 10년 전, 더 나은 마을을 만들기 위해 여섯 마을(중평, 송전, 마천, 사곡, 화전, 죽안) 주민들이 뭉쳤다. 이장들을 선두로 면 담당자와 힘을 합쳐 권역 사업을 받았다. 국사봉 아래 각 마을 안길을 정비하고 죽안저수지 주변을 정리해 공원과 족구장을 만들었다. 체험마을은 2017년부터 시작. 개인과 여섯 개 마을이 출자해 마을의 공유사업으로 출범한 것이다.

시골이라고 얕보면 안 된다. 2014년 들어온 장 사무장은 할 수 있는 모든 역량을 동원해 체험 프로그램을 기획, 만들었다. 단체 손님이 전국구로 온다.

"아이디어가 계속 나왔어요. 체험 온 아이들은 분필 하나만 쥐여 주면 마당에서 그림을 그리더라고요. 예천하면 곤충이니, 곤충 화석도 만들어 보고 자연에서 얻은 재료로 이것저것 공예도 하고 무궁무진하더라고요.

 이곳이 좋아지니 마을 사람들이 눈에 들어왔어요. 문화생활이 마땅히 없으니까요. 그래서 스크린을 달았어요. 건물 벽에 커다란 스크린을 걸고 노천극장을 만드는 거죠. 여름밤이면 농사일을 마친 마당에 모여 영화를 봐요. 가장 인기 있는 상영작은 부동의 1등 배우 나문희 씨가 출연하는 영화랍니다. 생전 극장이라고는 가 보지도 못한 어르신들이 문화생활을 누리면서 얼마나 좋아하던지요."

 사무장의 이야기를 듣다 보니, '연결'은 '애정'에서 시작된다는 것을 직감했다. 체험 프로그램도 마을 사람들과 함께 운영하는 것도 가능하다는 걸, 조우했다.

 "늦가을이면 마을 어른들과 함께 한바탕 놀아 보는 '멍석 마당' 축제를 해요. 체험마을을 운영하면서 마을 부녀회의 도움을 받았지요. 수고비 지급을 위해 본인 통장을 요청하니, 본인 명의 통장이 하나도 없는 엄마들이 많았어요. 이제껏 제 통장 하나 없었던 엄마들은 처음으로, 본인의 통장에 정당한 노동의 대가를 받은 거죠. 그 설레어하는 표정들이 아직도 선명해요."

 제 통장 하나 없었던 엄마들이 자존심과 자존감을 찾기까지…. 그 여정의 이야기를 듣고 내 가슴이 더 뛰었다. 그 후, 얼마 지나지 않아 아이들 둘을 데리고 재방문했다.

'고추장 만들기' 키트 체험을 하기 위해서였다. 하나하나 체험하기 좋게 지퍼백에 담아 둔 재료를 보고 기함했다. 조청, 고춧가루, 사과 등의 재료 모두 동네표. 주민들의 농산물을 활용하는 센스.
"저 아래서 농사짓는" 이름 모를 동네 주민이지만, 괜스레 친숙했다. 뻔쩍뻔쩍한 건물, 역세권, 목이 좋은 곳이 아닌데도 방문객들의 반응이 뜨거운 이유를 알 듯했다. 각종 재료를 섞어 고추장을 만들어 가는 과정 속에서 아이들은 기대감에 부풀었다. "이걸로 떡볶이를 만들어야겠어요!"

'즐기는 자를 못 따라간다'라는 말은 유천국사골마을에 걸맞다. 일 벌이는 데 주저하지 않는다. "저희가 5년 전부터는 예천군 내에서 유일하게 '농촌에서 살아 보기' 프로그램도 진행하고 있어요. 귀농, 귀촌 희망자들이 이주 전 꼭 알아야 하는 생활정보나 농촌 풍습을 안내하고 농촌에서 농사짓는 법을 교육해요. 귀농, 귀촌 희망자들이 마을에 성공적으로 정착할 수 있도록 마을 내의 빈집을 연결하기도 해요. 이렇게 프로그램을 진행하니 매년 한두 명씩은 마을에 성공적으로 귀농, 귀촌하고 있어요."

한동안 냉장고를 열 때마다 아이가 만든 고추장이 날 반겼다. 한 땀 한 땀의 손길이 깃든 핸드메이드 고추장에는 시골 마을의 작은 우주가 담겨 있었다.

☞ 유천국사골마을
주소: 경북 예천군 유천면 죽안길 136

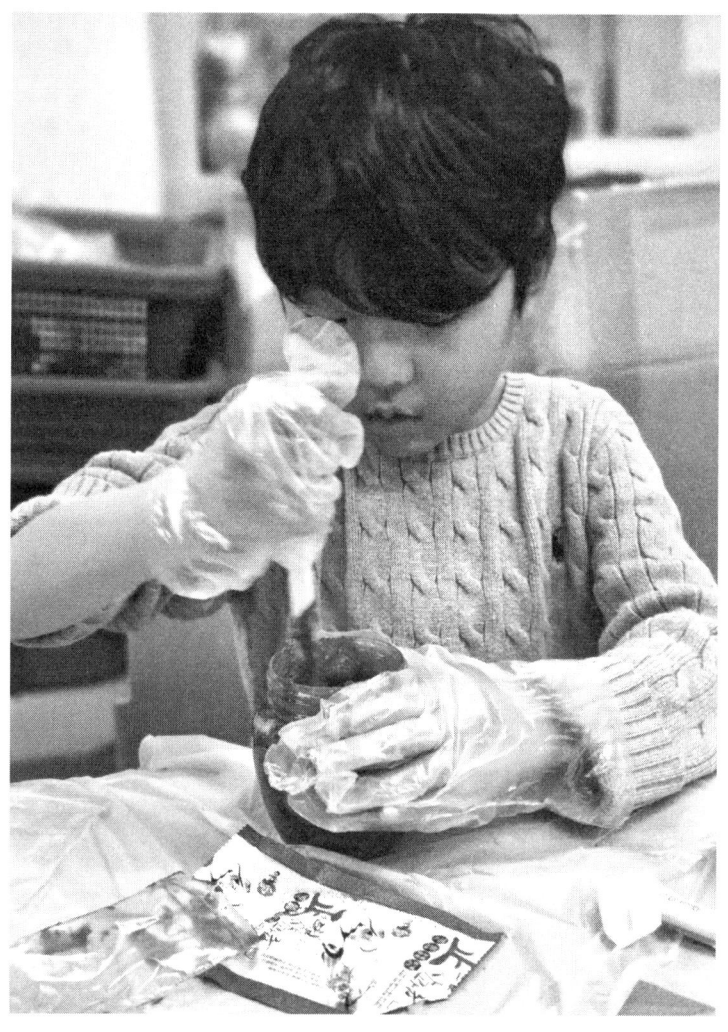

낭만 담은 가을밤,
예천박물관서 가족 캠핑 고고

　누구나 가슴 속에 로망 하나쯤은 있다. 내 경우 텃밭 가꾸기(작은 농사), 전원주택에서 살아 보기, 세계 여행하기, 오로라 보기…. 그런데 로망을 품는 것과 행하는 것은 다른 맥락이다. 한 해 한 해 지날수록, 로망은 로망으로만 남겨 둘 가능성이 크다. 왜냐, 현실을 알아 가기 때문이다. 예를 들어 주택에서 한가롭게 커피 한 잔이 아닌 잡초 뽑느라 기진맥진할 '내'가 훤히 보인다. 그럼 '워어' 하면서 눈을 감는다. 그리하여 로망은 가슴 속에만 품어 두는 게 더 아름답다는 판결을 스스로 내린다. 땅땅땅.

　일찍부터 고이고이 접어 둔 것 중 하나, 바로 캠핑카 라이프다. 장면을 보는 건 좋다. 드라마 〈도시남녀의 사랑법〉에서 남녀 주인공이 캠핑카 안에서 꽁냥꽁냥 데이트를 하는 모습이라든가, 로 한 클로이 자오 감독의 영화 〈노매드랜드〉 속 주인공이 캠핑카에서 살며 일자리를 찾아다니는 모습이라든가. 그런데 딱 이제 거기까지. 관찰자의 시점이 흐뭇하다는 걸, 나는 알아 버렸다. 아주 어쩌다 지인들 틈에 끼어 반나절 캠핑장에 가는 날이 생기면, 현실의 나는 웃지 않았다. 챙겨온 간식만 주구장창 먹었다. 벌레도 성가셨다. 책도 눈에 안 들어왔다. 귀차니즘이 스멀스멀.

 산이고 바다고 자연으로 떠나는 여행은 좋은데, 캠핑은 그다지. 의외의 나를 어떻게 정의 내려야 하나, 싶었는데 나와 비슷한 이의 칼럼을 하나 발견했다. 글쓴이 피셜, 본인은 호기심은 넘쳐 나나 모험심은 없다고 한다. 그렇다, 딱 그거다. 하지만 내 뱃속에서 나온 아들은 다른 모양이었다. "저는요. 캠핑이 정말 소원이에요. 하룻밤 자고 오는 거요. 네. 네? 제발요." 하면, "호텔이나 리조트에서 조식 주는 게 짱이지." 하고 받아쳤다. 몇 년째 베란다 창고에서 잠자고 있는 텐트를 칠 모험심은 전무했다. 아니, 더 희미해져 갔다.

 내심 아들에게 미안했던 시기, 군청 홈페이지에 핫한 정보가 올라왔다. 예천박물관에서의 가족 캠핑. 내용을 보아하니 우선 1박 일정이었다. 바로 신청을 했던 가장 큰 이유, 텐트를 직접 다 쳐 준다는 것. 게다가 전기장판까지 제공한다고 되어 있었다. 씻는 건? 예천온천 티켓 증정. 그러니까 몸만 오라는 거였다. 아들의 소원을 이뤄 주는 램프의 정령 지니나 마찬가지였다. 스무 가족 모집이기에 안 될 수도 있지만, 시도는 해 봐야 했다. 결론은, 대기 4번. 진짜 결론은, 대기 4번이 빠져서 참석하게 되었다. 일주일 내내 방실방실 웃는 아들을 보며, 나도 으쓱했다. 사실 대학 발표 기다리는 것보다도 쫄렸다.

 미담문화콘텐츠연구소와 예천군이 함께 주관·주최한 캠프의 여정은 생각보다 촘촘했다. 감천년 일대를 둘러보는 것도 몇 시간이 소요되었다. 초간정, 예천 권씨 초간공파 종택, 금당실 전통마을을 문화해설사와 둘러보고 종착역은 예천박물관이었다. 박물관 앞 잔디밭에는 텐트가 곳곳에 쳐져 있었다. 수고로움을 덜었으니 쾌재를 부를 일이었다. 단연 햇빛 아래에서 고생한 직원분들에게는 고마웠다.

사실 나는 박물관 러버다. 지역 여행을 떠나면 박물관에 꼭 들른다. 규모가 크든 작든 상관없다. 가지각색의 박물관에 갔지만, 예천박물관은 베스트에 들어간다. 나름의 이유가 있다. 캠핑 장소가 예천박물관이니 만큼 소개 좀 해 봐야겠다. 예천박물관은 경북 예천군 감천면 복골길 150에 위치하고 있다. 옛 예천충효관 건물을 국·도비 등 46억 5천만 원을 들여 2017년부터 2020년까지 4년에 걸쳐 리모델링 공사를 통해 완공했다. 연면적 2,948㎡ 지하1층, 지상 2층 규모이다. 상설전시실·세미나실·기획전시실·수장고·어린이 체험실·카페테리아 등 공간조성으로 문화유산 보존·관리·연구·전시·교육 기반과 편의시설을 갖췄다.

이름에서부터 추측이 가능하듯, 지역색을 담은 지역 유일 공립 박물관이다. 예천박물관은 예천의 과거와 현재, 미래를 아우르는 '홍보 대사'의 역할을 맡은 셈이기도 하다. 박물관 입구 로비·인포메이션에 들어서면, 관람객들은 전국시대 제자백가 장주(莊周)가 쓴 《장자》의 〈추수〉편의 구절을 마주한다. 아래와 같다.

"봉황은 벽오동 나무가 아니면 깃들지 않고, 대나무 열매가 아니면 먹지 않고, 예천(단샘)이 아니면 마시지 않는다."

마치 봉황이 실제의 새인 양 말하는 〈장자〉 이야기다. 조선시대 사람들은 봉황의 생태를 확고히 믿었다. 글과 함께 봉황의 스크린이 상영된다. 예천이 담고 있는 스토리를 오래된 역사 속에서부터 끌어와 상징·의미를 붙인 것으로 해석된다.

첫 방문 때 나는 박물관에서 애정을 가득 느꼈다. 얼추 홍보 삼아 만든 것과는 달랐다. 허접하지 않았다. 5가지의 상설 전시의 구성도 멋스럽다. '물이 솟는 고장, 물을 품은 고장 / 예천, 맑은 역사의 땅 / 여기 사람이 살았네 / 마음과 마음을 잇는 바람 소리 / 예천인들의 삶'. 이렇게 취지와 색깔에 맞춰 구분을 나눴다. 각각의 공간마다 연대기순으로 스며들도록 동선을 배치해, 주제가 엉뚱하게 비약하거나 단절되지 않는다.

이날 저녁 우리는 캠핑을 하기 전, 도슨트와 박물관 투어를 했다. 시간상 후다닥 정말 달려가면서 투어를 했는데 그게 더 흥분되었다. 밤의 달리기. 도슨트가 주목하는 '보물'을 벼락치기 했달까. 실제 박물관을 대표하는 10건의 유물은 희소성과 역사성·예술성을 갖춘 문화재적 가치가 뛰어나다. 자, 이제 그만. 박물관 애정은 여기까지 적어 본다.

땅거미가 지고 어둠이 찾아왔다. 가족 이름이 적혀 있는 텐트장 안으로 들어갔다. 트렁크에서 가져온 짐을 꺼내 왔다. 고작 1박인데도 짐이 적잖았다. 저녁은 한식뷔페. 근처 식당에서 마련해 주셨다. 씻는 건 예천온천에서. 큰 이동 없이 근처에서 모두 가능하다는 게 신기했다. 10월, 일교차가 생각보다 컸다. 낮에는 반팔을 입고 밤에는 패딩을 입는 아이러니. 달빛과 별빛이 쏟아지는 시골 박물관 앞, 작은 음악회가 열렸다.

가야금 연주자가 선보인 해피니스(Happiness). 해피니스는 KTX 열차가 종착역에 들어갈 때쯤에 스피커를 통해 귀에 들려오는 익숙한 선율이었다. 코앞에서 가야금 줄을 튕기는 손놀림을 보는데, 이런 호강을 누려도 되나? 싶을 정도로 마음이 따뜻해져 왔다. 뒤이어 생황연주자의 공연도 가을밤과 어우러졌다. 어린이들은 흥에 겨워 춤을 추고 어른들은 박수를 쳤다. 모두가 웃고 있었다.

그날 밤, 텐트에 누웠다. 노란 앵두 전구가 분위기를 더했다. 박물관 앞에서 캠핑은 어딘가 모르게 친근했다. 위엄과는 거리가 멀었다. 공공시설의 공간을 잠시 점유하는 경험은 색달랐다.

어찌어찌 잠이 들었는데 추워서 깼다. 전기장판 덕분에 아래는 견딜 만했는데, 위쪽 공기의 한기는 만만찮았다. 다시 패딩을 입고 온몸을 꽁꽁 싸맸다. 아침에 일어나니 텐트 바깥쪽으로 이슬이 또

르르 흘러내렸다. 코가 뻥 뚫리는 시원한 공기는 덤. 아침에는 잔디밭 위에서의 요가 수업도 있었다. 그동안 꿈만 꾸던 캠핑 풍경이 현실로 이뤄졌다. 아마 직접 기획했더라면, 아니 그런 일은 없었을 듯싶다. '덕분에'라는 말을 안 할 수가 없다.

건축가 유현준은 저서 《공간의 미래》에서 우리나라 경제가 발전하고 사회의 계층 간 이동 사다리를 만들려면 새로운 공간을 만들어야 한다고 주장한다. 근대화에 늦은 우리는 서양 사회가 만든 공간 시스템을 답습하는 일만 해 왔다고 그는 지적한다.

작은 소도시에 위치한 예천박물관의 문화예술 콘텐츠는 상상 이상이었다. 새로 건물을 짓는 게 능사가 아니라는 걸 알게 되었다. 이제 사람들은 '상호교류'를 할 수 있는 공간을 원한다. 경북 칠곡군에서는 인문학 강의를 감자집하장에서 했다고 한다. 사람들이 많이 드나드는 곳을 개조한 것이다. 반응은? 뜨거웠다고 한다. 한쪽에서는 전을 부치고, 한쪽에서는 아이들이 뛰어다니고, 한쪽에서는 강의를 듣고. 어쩌면 지방 소멸의 해답은 '문화'에 있을지도 모르겠다. 박물관에서의 가족 캠핑은 의미의 지평이 확장된 감동을 남겨 줬다. 게다가 엄마인 나는 아들에게 "우리 캠핑 가 봤잖아"를 말할 수 있는 근거도 생겼다. 화려한 불꽃놀이보다도 은은하게 빛나던 우리들의 가을밤의 추억.

☞ **예천박물관**
주소: 경북 예천군 감천면 복곡길 150

범우리 숲속 놀이터,
우리 모자의 핫 플레이스

"'숲'이라고 모국어로 발음하면 입안에서 맑고 서늘한 바람이 인다. 자음 'ㅅ'의 날카로움과 'ㅍ'의 서늘함이 목젖의 안쪽을 통과해 나오는 'ㅜ'의 모음의 깊이와 부딪쳐서 일어나는 마음의 바람이다. 'ㅅ'과 'ㅠ'은 바람의 잠재태이다. 이것이 모음에 실리면 숲속에서는 바람이 일어나는데, 이때 'ㅅ'의 날카로움은 부드러워지고 'ㅍ'의 서늘함은 'ㅜ'모음 쪽으로 끌리면서 깊은 울림을 울린다. 그래서 '숲'은 늘 맑고 깊다."

《자전거여행 1》(김훈, 문학동네, p. 59)

김훈의 《자전거여행 1》에 나오는 구절이다. 숲에 어감에 대한 깊은 통찰이 묻어난다. 어렵게 느껴지지만, 마지막 구절에서는 시선이 머문다. 마음으로 이해가 된다. 숲은 맑고 깊다.

대한민국 곳곳에는 산이 많다. 시골 역시 마찬가지다. 유명한 산, 이름 모를 산 곳곳에 흩어져 있다. 뭐니 뭐니 해도 숲은 접근성이 좋아야 한다. 가까워야 한다. 인적 드문 산은 적막하다. 사람들의 발걸음이 모여 만들어 낸 산길은 자연스럽다.

예천 호명읍에는 검무산이 있다. 검무산 안쪽에 있는 숲속 놀이터는 귀한 장소다. 부담스럽지 않은 초입에 있어서다. 정확한 명칭은 '범우리 숲속 놀이터'. 행정안전부에서 안전한 놀이터로 선정되었다고 한다.

스승의 날이라 재량 휴업인 아이와 오랜만에 숲속 놀이터를 찾았다. 숲속 놀이터에 가기 위해 과자와 포켓몬스터 빵, 계란말이, 꼬마김밥, 커피, 우유를 싸 들고 갔다. 쉬는 학교가 많아서 월요일이지만 아이들이 제법 있었다.

아이는 짐을 풀기도 전에 짚라인과 터널 놀이시설로 달려갔다. 발걸음은 가볍고 신나 보였다. 김밥을 먹고 또다시 놀이터로 가고, 물을 마시고 또다시 놀이터로 가고, 우유를 마시고 또 달려 나갔다. 놀이터 친구들이 순식간에 결성되었다. 5살, 6살, 7살, 8살, 9살, 나이는 다르지만, 그 순간만큼은 놀이터 친구들이 되었다. 아이들은 플라스틱 통에 꽃이나 벌레를 두고 재미있게 놀았다.

숲속 놀이터는 키즈카페처럼 돈을 안 내고 들어갈 수 있다는 게 큰 장점이다. 무료. 물가가 고공 행진하는 요즘에는 공짜가 반갑다.

숲속 놀이터에는 다람쥐도 챙겨 주는 저금통이 있다. 도토리를 주워서 안에 넣는 것이다. 우편함처럼 생긴 곳이다. 해먹도 있고, 정자, 평상도 있다. 해먹에 한번 누웠다가 균형을 못 잡아서 넘어졌다. 해먹에 누우니 하늘을 바라볼 수 있었다. 비타민D가 얼마나 생산되었을지 미지수지만. 쓰레기통은 없다. 그래서 가지고 온 쓰레기는 직접 양심껏 챙겨 가야 한다.

무엇보다도 정자가 있어서 엄마들이 앉아 있을 수 있는 곳이 있다는 게 큰 장점이다. 나는 가방서 책을 꺼내 읽었다. 앞에 소개한 《자전거여행 1》이라는 책이었다. 숲에 대한 저자의 단상이 꽤 자세히 적혀 있어 공감했다.

모처럼 아이는 신나게 놀았다. 아이들이 신나게 놀 수 있는 공간이 더 많아졌으면 좋겠다. 아이들이 까르르 웃고 떠들 수 있으면, 그걸 바라보는 부모도 행복하다. 아이들도 잘 놀아야 창의력과 상상력을 키울 수 있다.

아이가 노는 모습을 바라보며 나는 마음속으로 주문을 걸었다. '놀 수 있는 권리를 빼앗지 말자. 그것이 내게 주어진 엄마의 임무다. 놀이는 쓸모 있다.' 나의 교육관을 다시 한번 재정립하는 시간이었다.

나는 놀이와 공부를 이분법적으로 이원화해서 나누고 싶지 않다. 오히려 놀이와 공부는 연관되어 있으며, 놀이를 통해 얻은 좋은 에너지를 기반으로 공부 연료를 쓸 수 있다고 생각한다. 영국에는 '플레잉 아웃'이라는, 골목놀이를 되살리는 프로그램이 있다고 한다. 한 달에 두 번 골목놀이의 날을 정해서 자동차가 다니지 못하게 도로의 끝을 강제로 통제하는 것이다. 우리나라에도 지자체

별로 이런 골목을 정해서 확산한다면, 아이들의 웃음소리가 번져 나가지 않을까.

☞ **범우리공원 숲속 놀이터**
주소: 경북 예천군 호명읍 산합리

도심 속 황톳길, 아이와 '천년숲' 맨발 걷기

"엄마, 내가 만든 똥 밟아요."
"응. 엄마가 똥 밟았다!"
"아하하. 이건 똥 스타일, 헨젤과 그레텔이에요."

대화가 좀 웃기다. 뭔가 싶을 수도 있다. 얼마 전 아이와 함께 간 '천년숲' 황톳길에서의 대화 일부다. 황토로 똥 모양을 빚은 아이가 한 말이다. 황톳길과 마사토 길에선 많은 '맨발'의 모습이 보인다. 저마다 살구색 발바닥이 황토색으로 곱게 물들어 간다.

맨발걷기의 현장. 아들은 걷다 뛰다를 반복하며 수없이 많은 황토를 손으로 주물럭거렸다. 그렇게 탄생한 흙똥. 모습은 정말 그럴싸했다. 앞서 달려 나간 아이는 똥을 바닥에 무심하게 툭 던졌다. 뒤따라가던 나는 발로 꾹 밟았다.

준비라고 할 건 특별히 없었다. 옷에 묻을 것을 대비해 이참에 버릴 옷을 골랐다. 티셔츠 뒷부분에 황톳물을 찍은 손바닥을 찍었다. 존재감이 드러났다. 모처럼 아이가 활짝 웃는 모습을 봤다. 발걸음이 더 경쾌해졌다.

걷는 여정 속에서 저절로 소통이 됐다. 최근 우리 모자의 모습 속에는 흐름이 끊기는 경우가 적잖았다. "엄마, 이것 좀 봐요." 하면서도 여러 일(설거지, 청소 그 밖의 이유)들로 무심할 때가 많았다.

아이를 생각하면, 돌아서면 미안한 날들이 많아진다. 아이를 키우면 키울수록, 미숙한 내 모습을 조우한다. 때론 화들짝 놀라고 부끄럽기만 하다.

이러한 모순의 여정은 9년간 계속되고 있다. 힘들면서도 뿌듯하면서도, 기쁘면서도 죄의식이 동반되는 '엄마'라는 역할의 내면.

처음에는 들고 간 가방을 지닌 채 걸었다. 그러다가 짐을 비웠다. 신발장 위에 가방을 뒀다. 짐을 내려놓으니, 자유로워졌다. 맨발걷기는 내게 가득 실린 힘을 덜어 주었다. 온갖 소비의 유혹 속에서 본질을 깨닫게 해 주는 시간들이었다. 흙은 땅과의 연결임과 동시에 소중한 사람과도 이어지게 했다.

인간은 연결의 경험치가 쌓일수록 내적으로 풍요로워진다. 산티아고 순렛길을 선망하기 전, 가까운 곳에서의 걷기부터 필요했다.

예천에서 살게 되면서 자주 눈을 감게 된다. 들숨과 날숨, 의식적으로 호흡에 집중해 보기도 한다. 새소리를 그 어느 때보다도 많이 듣는다.

이날, 나는 모처럼 숙면을 취했다. 영양제나 의료기기, 병원 순례보다도 효과가 바로 나타났다. 세상을 구하는 건, 생각보다 가까이 있었는지도 모른다는 생각을 한 날이었다.

나만의 아지트, 유유자적 '선몽대' 거닐기

시골은 비만율이 적다. 지극히 주관적인 시선이다. 객관적인 통계 자료가 없어서 조심스럽지만, 1년 가까이 살면서 느낀 바다. 밭이고 논이고 부지런히 일하는 이들이 많다.

저마다의 라이프스타일과 루틴은 다르겠지만, 난 '걷기'에 비결이 있다고 본다. 우선 시골은 포장도로가 여전히 아닌 곳도 많다. 난이도가 있다는 얘기다. 둘레길처럼 아기자기한 곳도 들여다보면 있지만, 잡초를 가로지르며 헤쳐 나가야 하는 자연 그대로의 길이 존재한다. 온몸으로 걷기가 가능하니, 살이 찔 겨를이 없나 추측해 본다.

난이도가 높은 시골에서의 걷기는 의지가 중요하다. 정형화되어 있지 않는 길을 걷고 걸으면, 풍경 역시 제각각 다가온다. 지방 광역시에서 살다 예천군으로 왔을 때, 제일 많이 보이던 것은 산도 아니고 풀도 아니고 바로 '정자'였다.

네이버 어학사전에 따르면, '정자(亭子)'는 경치가 좋은 곳에 놀거나 쉬기 위하여 지은 집이다. 이 집의 특징은 한자어를 분석하면 자세히 알 수 있다. '정(亭)'은 '언덕'이라는 의미와 '집'이라는 의미의 두 글자가 결합돼 만들어진 한자다. '자(子)'는 조사로 쓰인 것이다. 보통 '정'을 명명할 때는 조사를 붙여 '정자'로 부른다.

정자는 사용주체와 대상에 따라 성격이 달라지기도 한다. 일반적으로 모정(茅亭)과 누정이 있다. 내가 농촌 어귀에서 자주 만난 정자는 바로 모정이다. 모정이 농민들이 회의도 하고 쉬기도 하고 놀이를 즐기는 공간이라면, 누정은 사대부들이 시문을 지으며 쉬거나 즐기는 공간이다. 누정에는 문객들이 조우하고 한잔 술에 읊은 시문과 정자 현판이 걸려 있는 반면, 모정에는 호미, 낫, 삽 등 마루 난간에 걸려 있는 경우가 많다. 또 모정은 주거 별당이나 사랑채로 사용되기도 했다. 누정이 양반의 공간이라면 모정은 농민의 공간이라 할 수 있다. 누정은 자연경관이 빼어난 곳에 세워지고, 모정은 농사일에 편리하도록 마을 어귀 가까이 지어졌다.

나는 예천에 와서 정자의 분위기에 흠뻑 취했다. 모정이 날 것 그대로라면, 누정은 고요히 남아 있었다. 모정은 현재진행형이고 누정은 과거형으로 해석되었다. 오늘은 모정 소개를 미루고, 경상북도 예천군 호명읍에 있는 명승지 누정 중 하나인 선몽대를 소개하려고 한다.

선몽대는 퇴계 이황의 조카이자 기린도 찰방을 지낸 이굉(李宏, 1515~1573)이 창건하고 그의 아들인 우암(遇巖) 이열도(李閱道, 1538~1591) 공이 이어받은 정자다. 주변 풍경보다 조금 높은 곳에 선몽대는 자리하고 있다.《남도정자기행 1》에서 저자 주재술은 산을 오르거나 강가를 거닐다 고개 들어 우뚝 솟은 바위들을 바라보노라면 경천대(상주)와 함께 선몽대(예천)를 떠올린다고 서술했다.

선몽대는 대중교통으로는 방문이 불편하지만, 차량을 이용했을 경우 비교적 쉽게 방문할 수 있다. (경북 예천군 호명읍 선몽대길 48)
선몽대는 관리가 잘되어 있다. 명목상 원형 그대로 남아 있고 실제로 흉물스럽게 방치되어 있는 것과는 대조적이다.

퇴계는 직접 선몽대 현판과 시를 썼다.

> 솔은 늙고 대는 높아서 푸른 하늘에 꽂힌 듯하고
> 흰 모래 푸른 절벽은 그리기도 어렵구나
> 내가 지금 밤마다 선몽대에 기대니
> 전날에 가서 기리지 못하였음을 한탄하지 않노라

'솔은 늙고 대는 높아서', '흰 모래 푸른 절벽은'이라는 구절에서 볼 수 있듯, 선몽대의 주변 풍경은 소나무와 모래사장을 떠올리면 된다. 언뜻 보면, 강릉과도 비슷하다. 함께 동행한 아이는 말릴 새도 없이 자연스럽게, 모래를 만지며 흙 놀이를 했다. 앞으로는 낙동강의 지류인 내성천(乃城川)의 널따란 백사장이 있고, 뒤쪽으로는 울창한 소나무숲에 둘러싸여 있다. 평균 100~200여 년 수령의 소나무가 자라고 있어 선몽대의 경치를 한껏 북돋아 주는 역할을 한다. 선몽대는 선경을 이룰 만큼 경치가 아름다운 정자라 하여 붙여진 이름이다.

  그만큼 주변 지형이나 지세보다 도드라져 솟아 있거나 전면으로 불쑥 나온 모양이었다. 절벽 위에 아슬아슬하게 서 있는 부담 없는 높이는 아니다. 건물 그 자체 옆으로는 층층이 쌓인 넓고 큰 바위들로 이루어져 있다. 선몽대의 주재료는 목재다. 목재는 불에 취약하다는 취약점이 있지만, 자연스러움은 따라올 수가 없다.

  내가 갔을 때, 선몽대 주변에는 잠시 머리를 식히러 온 이들이 대여섯 보였다. 붐비는 정도는 아니었다. 그 때문에 악취나 쓰레기로 몸살을 앓고 있지 않으며, '아는 사람들만 오는 곳'이라는 아지트적 분위기가 자리 잡고 있었다. 경북일보 이상만 기자는 '선몽대'에 대해 넓은 것은 낮고 높은 것은 그윽해 평온함과 적막함이 오히려 더 잘 어울린다, 진한 커피가 떠오르는 곳이라고 평가했다.
  아울러 선몽대가 주는 공간적 의미도 되새겨야 할 것으로 보였다. 선몽대는 조선 시대의 내로라하는 학자들이 찾아와 시를 주고받던 곳이다. 실제로 선몽대에는 모두 10개의 현판이 걸려 있다. 편액을 제외하면 나머지는 모두 시판이다. 정탁, 김성일, 류성룡이 지은 시가 한 시판에 걸려 있다. 선몽대는 많은 선조들에게 유상의 공간을 넘어 추념의 공간으로 변화, 인식되었다.

  현재 선몽대는 관리라는 명목하에 내부 공간은 열쇠로 잠겨 있다. 물론 비교적 근래인 2019년 경북도에서는 '백두대간 인문캠

프'를 열고 그중 하나로 선몽대 탐방을 진행하기도 했으나, 단발성에 그쳐 아쉬움이 있다.

경이로움과 아쉬움이 공존하는 선몽대지만, 더 자주 알려졌으면 하는 마음에 글을 적는다. 과거 선조들의 삶의 행적과 함께 공간이 주는 가치도 생각할 수 있으려면, 관심을 두어야 하지 않을까.

☞ **선몽대**
주소: 경북 예천군 호명읍 선몽대길 48

혼자 알기 아까운 뷰 맛집
'청원정'을 공개합니다

경북에 이사를 와서야 이곳이 정자(亭子)가 유명한 지역이라는 것을 알았다. 초간정, 선몽대일원. 여기에 이어 청원정을 방문했다. 박물관과 절과는 다른 결의 매력을 발견했다.

정자의 기본 건축 의미에는 '휴식'과 '쉼'이 있다. 그 쉼이 건립한 이의 뜻에서 멈추어진 경우도 있고, 후세에도 이어지는 경우도 있다.

> "집을 지으면서 염두에 둔 핵심 원리가 있다면, 첫째는 집이 편안해야 한다. 집이 사람을 누르면 안 된다. 사람이 집을 만만하게 보아야 편한 느낌이 든다. 집은 쉼터여야 한다는 게 내 생각이다. 따라서 집을 너무 거대하게 지으면 집의 기운이 사람을 누를 수 있다."
> **《조용헌의 백가기행》**(조용헌, 디자인하우스, p. 81)

조용헌의 글이다. 위의 단어를 '집' 대신 '정자'로 바꾸어도 걸맞다. 정자는 부담스럽지 않다.

예천군 용궁면 무이리에 위치한 청원정(경상북도지정 문화재자료 제533호). 무이리에 가 보면 알겠지만, 시골 치고 단정하다. 과

한 꾸밈이 아닌 청결함이 느껴진다. 들어가는 길 폭은 제법 좁았지만, 오가는 발걸음이 크게 없어도 관리가 잘되는 것을 알 수 있었다.

과거 선조들의 삶의 행적과 함께 공간이 주는 가치도 생각할 수 있으려면, 관광자원화 활용이 필요하다고 생각한다. 그 중심에는 '스토리텔링'을 생각해 볼 수 있다. 정자 안에 담긴 이야기 소재를 활용해 공간 스토리텔링 방안을 모색할 수 있다는 것이다. 그 이유는 정자가 자연인으로서 자연과 더불어 삶을 같이하려는 정신적 기능이 더 강조된 구조물이라 할 수 있기 때문이다. 사교와 풍류의 공간이면서도 깊은 사색과 사유의 공간의 의미가 강하게 내재되어 있기 때문에 현대인들에게 특히 필요한 공간이라고 볼 수 있다.

'청원정'은 스토리텔링에 적합한 정자 중 하나다. 청원정은 고려 공민왕 3년(1354년)에 국파 전원발(全元發, 1288~미상)이 원나라에 조공을 감면케 한 공로로 축산부원군에 봉군된 뒤 지은 정자다.

전원발은 용궁면 무이리 소천(蘇川) 마을 출신이었다. 충숙왕 2년(1315년)에 원나라에 가서 고려의 인재를 뽑는 문과에 장원해 원나라에서 병부상서와 집현전 태학사를 겸직했다. 전원발은 황제를 자주 찾아가 원나라에 바치는 세공이 너무 많다는 고충을 토로했다. 귀국할 때도 원나라 황제 순제를 만나 고려로부터 거두는 세공을 대폭 줄여 달라고 했다. 이에 순제는 애국심에 감탄해 허락했다고 했다. 그 후 귀국한 전원발은 1354년 축산부원군에 봉해졌다. 조선이 건국된 후 명나라에서도 세공을 적게 받았으며 태조 이성계는 전원발의 이 같은 공을 치하해 다시 축산부원군에 봉하였다.

이 내용을 보면, 전원발이라는 사람은 소신을 당당하게 펼쳐 보이는 인물이었다는 것을 알 수 있다. 추후 전원발은 조선에서 벼슬을 마다하고 고향 성화천의 맑은 물이 굽이치는 강 동쪽 언덕에 청원정을 세우고, 노후를 보냈다. 청원정은 임진왜란 때 소실됐다가 1918년 복원됐다.

이 정자에는 고려 말기의 학자인 척약재, 김구용(1338~1384)이 쓴 '청원정'이라는 글씨가 정자 옆 암벽에 음각되어 있다. 필자는 이토록 신기한 암벽이 지척에 있었나 싶어 한참을 쳐다보았다.

고려와 조선은 먼 나라 이야기 같지만, 장소로서의 의미는 깊다고 생각한다.

조용한 시골 마을에 있는 정자. 이 정자가 한 번은 주목받았으면 하는 마음이 생겼다. (안내 글자도 희미하고, 설명을 듣기 위해 QR코드를 찍어 보려 했으나 작동이 되지 않았다.) 예컨대 안동시 길안면 묵계리 산 중턱에 있는 만휴정은 대중매체의 발달로 새로운 지역적 의미로 살아났다. 〈미스터 션샤인〉 드라마 상영 이후 다양한 유형의 행사들이 만휴정에서 개최되고 있다. 시 낭송을 비롯해 카페 공간이 생기면서 지역민과 함께 구성하고 있다.

여건이 허락되지 않는 정자 관리주체가 지자체나 문화재 관련 공공기관과 협업을 하면, 충분히 가능성은 있다고 본다. 백일장, 정자 컬러링 색칠하기, 사진 찍고 인증하기 등 관광하는 이들이 '생산자'가 될 수 있다. 정자 안쪽도 VR로 구경하기라든가 영상으로 볼 수 있도록 제작한다면, 영감을 불러일으킬 수 있을 것이다.

문화라는 것은 고착된 어떤 것이 아니다. 다양한 집단들의 일상적 삶의 현실에서 문화적 표현과 의미를 부여하는 문화적 참여가 중요하다. 정자에 새로운 공간적 상상력을 부여하는 노력이 필요한 이유다.

☞ **청원정**
주소: 경북 예천군 용궁면 무이리

무이서당에서 한 템포 쉬어 가기

 익숙함이 불편할 때가 있다. 평온한 일상에 감사하다가도 지루함과 권태로 변하는 건 한순간이다. 인간이란 참 변덕스러운 존재다. 그럴 때, 나는 네이버 거리뷰로 살펴본다. 주변에 가 볼만 한 곳이 없나 하고. 대단한 핫 플레이스가 아니어도, 새롭게 생긴 곳이나 혹은 내가 발견을 못 했던 장소를 찾아보는 것이다.

 이번에는 조금 방법이 달랐다. 도서관에서 신청한 책이 도착했다는 문자가 왔다. 책 제목은《우리 정자: 경상도》. 대학원 과제를 위해 필요했던 책이었다. 이미 과제는 제출했지만, 궁금증에 빌려봤다. 이 책은 우리 정자의 면면을 자세히 들여다보고 있다. 건축을 전공한 문화재 관련 기술자, 건축사, 전문직공무원, 교수 등으로 구성된 한국건축답사모임인 목심회 회원 19명이 여러 해에 걸쳐 경상도 지역의 정자를 답사하며 도면을 그리고 사진을 찍고 정자의 건축적 특징을 분석했다.

 지난번 예천 초간정과 선몽대에 갔을 때, '아는 게 없어' 더 들어오는 게 없어 아쉬웠었다. 다시 초간정에 대해 읽으려는데, 모르는 곳이 책 목차에 있었다. 〈예천 청원정〉. 주소지를 검색하니, 옆 동네다. 거리뷰를 돌려 봤더니, 근처에 서당도 있다. 무이서당. 이런 곳이 있었나 싶었다. 경상북도 예천군 용궁면 무이리 423-1번지. 청원정에 가기 전, 무이서당부터 가기로 결정했다.

지척에 두고도 몰라봤다 싶어 서둘러 차를 몰았다. 자주 가던 곳, 그러니까 용궁 번화가를 살짝 벗어나니, 새로운 풍경이 눈에 들어왔다. 고요함과 평온함이 깔린 비교적 정돈된 시골. 나중에 알고 보니, 무이리 쪽은 집성촌이란다.

무이서당은 주변 풍경 속에서 튀지 않고 자신의 자리를 지키고 있었다. 마주하는 풍경 역시 논이었다. 모내기가 되어 있는 초록 풍경은 위화감이 없었다. 서당의 입간판을 읽어 봤다. 경상북도 유형문화재 제231호로 지정되어 있다.

> "조선 숙종 36년, 여주이씨 시조인 태사공 이인덕의 20세손 이지섬과 21세손 이식이 후손들을 가르치기 위해 인근 사림들의 협조를 받아 세운 서당이다. (중략) 창암공 후손으로 대과 5명, 소과 17명의 급지자가 배출되었다."

내부로 들어갔다. 거미줄을 살짝 피했다. 타임머신을 타고 과거로 회귀한 것 같았다. 이러한 새로운 감각은 내게 아이디어를 준다. 혹은 일상의 활력을 선사한다. 이렇게 고요한 곳에서 배움의 시간을 익혔을 선조들을 잠시 헤아려 봤다.

'내가 아는 것이 어쩌면 틀릴 수 있다.' 요즘 하는 생각 중 하나다. 시골학교에 다니는 아들, 인근에 사교육 학원이 없는 곳. 자기주도학습을 할 수밖에 없는 갈급한 현실 속에서 하다 보니 '된다'는 것을 발견해서다. 아이를 책상에 앉히기까지의 눈치 싸움, 방황과 시행착오를 거치니 오히려 자신감이 생겼다. 어쩌면 늘 시골 깊숙이 있는 서원이나 서당도 그러한 맥락에서 이어 오지 않았을까 상상했다. 주변 풍경은 감성과 지성을 살아 숨 쉬게 했을 터.

천경자 화백은 1969년(45세)부터 1999년(75세)까지 약 30년 동안 20여 개국을 여행한다. 대학교수로 생활하며, 물질적으로도 정신적으로도 안정된 삶을 누릴 수 있게 된 시기였다. 그러나 모순적으로 이 안정은 예술가의 정신을 파괴했다고 한다. 내면에서 끊임없이 샘솟는 영감을 찾기 위해 여행을 선택한 작가. 그녀는 아프리카 대륙으로 떠나, 케냐의 너른 초원 위에서 뛰어다니는 동물들을 보며 벅참을 느낀다. 천경자 화백처럼 세계 여행을 다닐 수는 없어도, 동네에서 내가 몰랐던 곳을 발견하는 기쁨은 창조의 활력이 되는 건 분명하다.

☞ **무이서당**
주소: 경북 예천군 용궁면 무이서당길 103

용문사에서 저만치 도망간 영혼 잡아 오기

예천 인근에는 절이 많다. 옆 동네인 안동과 문경도 마찬가지다. 그리하여 이번 달은 여기, 다음 달은 여기 이렇게 선택하며 잘도 돌아다녔다. 그럼 절에는 언제 가느냐. 오늘 하루만큼은 의도적으로 보내겠다는 의도를 하는 날. 그런 날, 경로 안내 도착지는 '절'이 된다. 세파에 지친 만신창이 상태가 아니더라도 공간이 주는 힘을 빌리고 싶은 날이 분명 있다.

문경의 경우 김룡사를 뻔질나게 드나들었다. 김룡사 가기 직전, 문경 문학관이랑 무쇠솥에 볶은 커피집도 들러 줘야 제맛이었다. 그곳은 '아는 사람들만 오는 곳'이라는 아지트적 분위기가 물씬 풍긴다. 오히려 아기자기하면서도 어설프면서도 인간미가 있달까. 문학관 앞에 놓인 큰 돌 역시 주변 풍경과 어우러져 정겹다. 유명하지 않아도 지역에서 '쓰기'의 일상을 이어 간 문학인들의 이야기가 깃들어 있다. "문경을 쓰고 문경을 읽다, 존재 그 자체만으로 울림을 주는 문경문학관"이란 글귀와 걸맞게, 지역색이 도리어 귀해 보였다.

김룡사는 역사가 깊다. 신라 진평왕 10년(588년)에 운달(雲達)이 창건하였다가, 1642년 화재로 모조리 불타 버렸다. 그 후 다시 임진왜란이라는 시련으로 폐허가 되었다가 복원되었다. 한반도 역사의 희로애락에 맞서 살아남은 절이라니, 애틋하다. 김룡사 뒤편에는 소나무가 가득한데, 사시사철 푸르게 꼿꼿하게 서있는 기강이 다르게 보인다. 운이 좋아 지난번 부처님오신날 전날에는 절밥도 얻어먹었다. 잠시뿐이지만 절을 둘러보고 나오는 길에는 마음을 '단디' 먹게 된다. 내 안식처를 더 보듬고 아껴 줘야겠다고. 절 안에서는 스스로 다른 존재가 된다. 참 묘하고도 신기한 공간이다. 도심 속 절이라기보다는 숲속에 숨어 있는 절이라 그런지, 조금 더 사적이고 개인적이다.

보통 나는 김룡사에서 내려와 인근 카페에서 샌드위치를 먹고 배를 채운다. 그렇게 집에 돌아오는 코스. 이 '작은 여행'길에 친구, 가족 등을 서너 번 데려갔다. 내 일상의 속살을 보여 주는 행위였다. 모두가 만족해했다. 특히 여름에는 김룡사 입구 계곡에서 발도 담그고 아래 식당에서 백숙을 먹을 수 있는데, 그 또한 색다른 묘미였다. 이렇게 서너 시간 정도 시간을 보내고 돌아오면 하루를 오롯이 존중해 준 느낌이 든다. 마음이 솎아졌으니 어떠한가. 다시 돌아온 일상을 외면하고 싶어지지 않아진다.

그럼, 예천의 절은 어디가 좋은가. 용문사를 권하고 싶다. 은행나무로 유명한 양평군 용문면 용문사와 이름이 같다. 용문사 역시 천년 고찰이다. 신라 경문왕 10년(870년)에 이 고장 출신 두운선사가 창건했다. 언덕배기지만 자동차로 올라갈 만하다. 시내버스도

다니고 있다. 버스 정류장 의자에 앉아 있는 청춘들이 더러 보인다. 최근에 용문사에 갔을 때에는 외국인이 많았다. 어느 방송사인지는 모르겠지만 촬영을 하고 있다고 했다. 템플스테이도 유명해서 해 보고 싶은 곳이다.

《절집 오르는 마음》이라는 책을 보면, 이러한 구절이 있다.

"절집의 포용력과 좋은 기운들은 오가는 사람들의 마음에서 비롯된 것이었다. 절집의 진정한 아름다움과 이야기들은 그 마음에서 시작되고 있었다."

《**절집 오르는 마음**》(최예선, 앤의서재, p. 6)

가게 된 연유와 시간은 다르겠지만, 절에 가는 사람은 자신의 '생'을 사랑하는 사람이 아닐까. 사랑하니까 아프고, 애절한 것이다.

나는 절에 가면 역사보다도 괜스레 목재들을 유심히 보게 된다. 화재가 발생했을 때 유일하게 재해를 피한 건물의 나무에는 시간이 있다. 시간을 끌어안고 남아 있는 그 목재에는 정신의 부식이 없다. 튜닝의 끝은 역시 순정이다. 윤장대도 독특해서 한참을 쳐다보았다. 내부의 목조여래삼존좌상(목각탱)과 1670년에 만들어 국내에서 가장 오래된 윤장대 역시 보물로 지정돼 있다. 6면이 각기 다른 화려한 문양으로 장식된 윤장대 창살. 나는 이 문양을 보면 약과가 생각난다. 배가 고파진다. 윤장대는 훼손을 우려해 평시에는 돌릴 수 없고 음력 3월 3일, 9월 9일 연중 두 차례만 돌린단다. 이러한 관찰과 감상을 하는 데 있어 절은 부담감이 없다. 관람객들을 향한 호구조사가 없다. 신심이 있는지 없는지도 알 바 아니다.

예천에서 만난 지인들에게 '용문사' 이야기를 꺼냈다. 나는 장소에 대해 꺼냈을 뿐인데, 하나같이 한 사람을 언급했다. 바로 청운스님이다. "예전에 한석규와 CF를 찍었던 그 스님 알죠?" 하면서 말이다. 그러면서 저마다의 추억을 나눠 먹는다. "우리 아이 3살 때 가게에 자주 오셨어요. 우리 아이 정말 예뻐했는데." "청운스님이 용문사 뒤편 거주하셨던 곳에 가 보기도 했었어요. 탁 트인 풍경도 그렇고 얼마나 편안함을 줬는지 몰라요." 청안스님은 2023년 입적하셨는데 그해 예천이 수해로 떠들썩했던지라, 많은 이들에게 알리지 않았던 모양이다. 한 지인은 "그 모습조차도 청운스님다웠다."라며 말을 흐렸다. 나는 한 번도 뵌 적은 없는 스님이지만, 예천의 '법정스님'과 같은 분이 아니었을까 짐작해 보았다. 이 세상을 떠났어도 남은 사람들이 선명하게 기억하는 분이라면, 충분히 그럴 수 있겠다.

노르웨이 건축가 노베르그 슐츠(C. Norberg-Schulz)는 역사공간의 의미와 정체성을 '게니우스 로키(Genius Loci)', 곧 '장소의 혼'이라고 했다. 의외로 예천의 절이 '장소의 혼'을 지닌 이들이 많은 듯하다. 포행(布行, 느리게 걷는 산책)에 나서고 싶을 때면, 내 비게이션에 '용문사'를 쳐 보자.

☞ 용문사
주소: 경북 예천군 용문면 용문사길 285-30

PART 3

이번 생은 예천에서:
어예 살아오셨니껴?

시골에서 사라져 가는 '상회 순례' 하기

"엄마 오늘은 CU 갈까요? GS 갈까요?"

아들의 취미 중 하나는 '편의점 가기'다. 한동안 포켓몬스터 빵을 찾아 배회하는 것을 즐겼다.

신기한 건, 골목 어귀마다 편의점이 속속 있다. 전통시장도 크게 다를 바 없다. '저 편의점은 언제 열었지?' 번식에 의아할 정도다. 본인이 원하는 걸 획득했을 때의 흡족한 미소. 충족 심리. 천진난만한 아이의 모습을 보면, 웃음이 나온다. 그리고 이 말이 목구멍까지 차오른다.

"Latte is a horse('라떼(나 때)'는 말이야)."

여덟 살 무렵, 나 역시 슈퍼에 가는 것을 좋아했다. 슈퍼 심부름을 한 저녁, 어김없이 일기장에 비슷한 레퍼토리를 적었다.

'엄마가 천 원을 주셨다. 500원은 콩나물을 사고 300원으로 블루베리 껌을 사 오라고 하셨다. 남은 돈으로 나는 새콤달콤과 덴버 껌을 사 먹었다.'

1990년대 그 시절, 내가 살던 주택가에는 프랜차이즈 편의점이 없었다. 대신 상회와 슈퍼(수퍼), 문구점이 있었다. 아이들과 차례차례 순례하며 오후를 보냈다. 각자 특색이 있었다. 주인의 성격도 다양하고, 취급하는 물건도 조금씩 달랐다.

아이의 모습을 보면 자꾸 과거가 겹친다. 시골은 나의 추억을 자꾸만 붙잡는다. 잠시 추억 여행을 해도 괜찮다고 허락한다.

경상북도 예천 호명읍도 그런 곳 중 하나다. 호명읍은 신기한 동네다. 한쪽으로는 경북도청 신도시를 품고 있고, 다른 한쪽에는 기존 호명읍이 남아 있다. 한마디로 원주민과 이주민이 섞인 도시다.

여러 볼일을 보러 신도시에 가던 날, 우측에 자리 잡은 구도심(?) 호명읍이 눈에 들어왔다. 급하게 커브를 꺾어 주차를 했다. 행정복지센터, 농협, 호명지구대, 예천호명우체국. 옛 명성을 가늠하듯, 중심 건물들이 보였다.
그리고 얼추 서너 개의 상회가 눈에 띄었다. '와, 아직도 이런 곳이 있다고?' 궁금한 마음에 구경 삼아 들어갔다.

상회 지켜 온 40년…
"호명상회는 나의 인생이죠"

왼쪽으로는 빵과 아이스크림, 오른쪽으로는 막걸리와 맥주. 우측 중앙에 놓인 난로. 들어가자마자 보이는 상회 풍경이 낯설지 않았다. 지역을 초월한 여전함. "뭐 찾으세요?" 상회와 연결된 작은방에서 사장님이 나오셨다.

곱게 화장을 하고 머리를 단정한 모습에 호기심이 증폭되었다. 다짜고짜 "가게 이야기를 듣고 싶다"라고 했다. 상회를 둘러싼 흔적을 담고 싶었다. 김춘자 사장님은 웃으며 말했다. "믹스커피 한 잔 할래요? 양파물을 넣고 끓였더니 커피가 붉은색이 나요." 경계심과 편견을 엿볼 수 없었다.

마침 가게를 찾은 동네 어르신이 말했다. "여기가 정말 70~80년대에는 번잡해서 앉을 자리도 없었어요." 또 다른 어르신도 오더니 칭찬을 늘어놓는다.

"(사장님은) 늘 똑같아요. 매일 열고, 매일 화장하고. 그거면 되죠." 사장님의 인생을 향한 태도에 대해서도 추가로 궁금해졌다.

양파물 넣은 커피 한 잔을 두고 들은 세월.
상회의 정식 명칭은 호명상회. 김춘자 사장은 결혼을 하면서 호명읍에 터를 잡았단다. 대구 출신 스물둘 새색시는 의상실을 했다.

기성복에 밀려 맞춤옷이 사양길에 접어들면서 의상실 문을 닫았다. 마침 기회가 닿아 상회를 인수했다. 서른 초반이었다.
"아무것도 모르고 문을 열었죠. 그런데 사람이 많다 보니 첫날부터 잘되었어요. 물건도 팔지만, 이 테이블에 앉아서 막걸리도 마실 수 있게 했죠.
그럼 저는 그때그때마다 김치도 드리고 전도 부치고 그랬어요. 저 난로 위에는 40년간 한 차를 끓여 뒀어요. 오며 가며 마시라고요. 뭐가 들어갔냐고요? 화살나무와 느릅나무, 헛개나무, 우엉, 계피가 들어가죠. 주전자도 몇 번을 바꿨나 몰라요."
상회와 함께 김춘자 사장님의 생의 흐름도 익어 갔다. 상회 주인, 아내, 엄마 다양한 역할을 동시에 수행했다. 상회에 딸린 방 한편에서 두 아이를 돌보기도 했다.

육아의 시간이 있었다는 말이다. 함께 자리에 있던 어르신이 말을 보탠다. "아이들이 저 안에서 공부했던 것도 저는 기억해요. 이 집 아들이 의사가 되었어요."

멋쩍은 웃음을 짓는 사장님에게 다시 물었다. "출퇴근 시간은 어떻게 되나요? 단정한 모습이 인상적이에요."

"보통 7시면 가게에 나오려고 해요. 나한테는 출근이죠. 농촌 사람들은 해만 뜨면 움직여요. 부지런해요. 시간이 달라요. 예전에는 밤이나 새벽에도 문을 닫았는데 요즘에는 7시 무렵이면 다시 퇴근을 해요. 우리 집이 저 위쪽에 있는데 감사하면서 내려와요. 이 나이에도 갈 곳이 있다는 게 좋잖아요."

성실함과 태도는 일맥상통했다.
"저는 매일 화장을 하고 머리 손질을 해요. 왜냐고요? 우리 집에 10원이라도 더 갖다주려고 오는 손님들 앞에서 후줄근한 모습은 보여 주기 싫어서요. 여자는 평생 가꿔야 해요. 저는 이 작은 상회라도 아마추어같이 안 해요. 프로 정신으로 일하죠."
'작은 고추가 맵다'고, 시골 상회를 굳건히 지키는 사장님의 마인드에 자세를 곧추세웠다.

겉으로 봤을 때 상회는 간판이 없는 것처럼 보인다. 세월의 흔적에 지워졌단다. 사장님은 세월이 변하는 것을 매일매일 느끼면서 산다고 했다.
"리모델링도 할까도 했지만 무슨 소용이에요. 이제 그냥 이 자리를 지키면서 지내야죠, 뭐. 여기 갖다 둔 물건도 구색 맞추기 식이예요. 지금은 그나마 관공서가 주변에 몇 개 있으니까 괜찮지, 저녁 되면 정말로 삭막해요."

대형마트와 중대형 슈퍼마켓, 편의점이 유통시장에 밀리는 것은 둘째 치고, 사장님이 체감하는 것은 농촌 지역의 고령화였다.

"여기 오가던 그 많던 손님들은 다 돌아가셨어요. 없어요, 이제. 저 위에 있던 학교도 다 폐교되었지요. 제가 일요일마다 교회에 가요. 제가 젊은 편이에요. 앞에 있던 분들이 이제 자리가 비어 있어요. 어저께도 어르신이 한 분 오셨는데, 여든이 넘으니까 자신감이 없어진대요. 어쩔 땐 외롭죠. 그럴수록 상회를 지키고 싶어요. 이곳이 남은 분들의 사랑방이니까요. 이곳이 있어야 동네 분들도 도란도란 모여 사람 구경을 하는 거예요. 예전에는 목표가 골목을 밝혀 놓아야겠다는 것이었어요."

호명상회는 '사랑방'의 몫을 톡톡히 하고 있었다.
그 중심에는 그 자리에서 터를 갈고닦으며 지키려고 애쓰는 김춘자 사장님이 있었다. 상회의 나이테를 새겨 나간 그는 말했다.

"호명상회는 제 인생이에요."

☞ **호명상회**
주소: 호명읍 오천리 157-7

PART 3 이번 생은 예천에서: 어예 살아오셨니껴? 159

2세대 양봉 농업인,
"벌침(봉독) 덕에 손 저림 없죠"

 돌아가신 외할머니를 떠올리면, 생각나는 추억 장면이 크게 두 가지 있다. 하나는 〈가요무대〉를 즐겨 보신 것, 나머지는 귀하게 농사지은 것들을 담아 주던 손길이다. 할머니 인생의 낙은 TV 프로그램 〈가요무대〉였다.

 분명 잠이 들었다고 생각해서 TV를 끄면, 어느샌가 일어나서 "왜 껐어? 끝났어?" 하고 되물으셨다. 나로선 참 신기한 일이었다. '아니 이게 뭐길래?' 잠을 자면서도 듣는 자장가인가 싶었다.

 그랬던 내가 10대를 거쳐 30대가 되었다. 이제 리모컨을 돌리다 보면, 〈나는 자연인이다〉 혹은 〈가요무대〉를 보고 있는 나를 조우한다. 꾸밈없다. 그저 편안함이 몰려온다. 자면서도 듣고 싶었던 할머니의 마음을 이제야 알 것 같다. 할머니에게 〈가요무대〉는 '소확행(소소하고 확실한 행복)'이었던 셈이다.

 〈가요무대〉와 더불어 평생 농사를 하고 살았던 할머니의 인생도 문득문득 떠오른다. 농지가 많고 농업인 비율이 높던 경기도 화성.

명절마다 우리 집 차 트렁크에는 온갖 것들이 실렸다. 쌀, 들기름, 배추, 무, 시금치, 토마토, 참외…. 친정 엄마가 "됐다. 그만 줘라." 할 때까지 할머니는 창고와 논밭을 들락거렸다.

모녀의 선한 몸싸움. 그 장면이 내 마음속 지층 어딘가에 포근하게 닿았을까. 나는 전국구 단위의 시골에 갈 때마다 형용할 수 없는 안락함을 느낀다. 아마도 내가 귀농·귀촌에 적극적으로 뛰어들지 않고, '풍경 관찰자'의 입장에 있기 때문이리라. 아니면, 할머니의 농사 유전자 DNA가 숨어 있던가.

그렇다면, 직접 귀농·귀촌 현장에 있는 사람들의 이야기를 듣는 건 어떨까. 동네 작가의 역할이 바로 그것일 터. 생각보다 주위에는 평범하지만 위대한 이들이 많다. 이번 글에는 경북 예천과 문경에서 양봉 일을 하는 동시에 제품·기술 개발에도 힘쓰는 '우리가치 허니' 안형진 대표의 진솔한 이야기를 담아 봤다.

그는 경상북도 예천군 용궁면 월오리에서 나고 자랐다. 중학교 때부터 씨름을 했다. 운동을 그만두고 서울 여의도에서 직장 생활을 했다. 2017년, 다시 고향으로 돌아왔다.

양봉사업을 50여 년 하던 아버지의 반대를 무릅쓰고, 아들은 자신도 양봉을 하겠다고 나섰다. 7년여간 고군분투했다. 기존 단지형 벌꿀에서 스틱형 벌꿀을 개발했다. 문경 특산품 오미자를 활용한 오미자 분말스틱도 연구개발에 성공했다.

"2013년부터 귀농할 생각이 있었어요. 본격적으로 서울 서 내려온 게 2017년입니다. 아시다시피 기존 꿀은 병으로 팔아요. 그게 부가가치가 별로 없어요. 아무래도 주방에 놓게 되고 어쩌다 한번 타 먹고 방치하죠. 파우치에 담자는 생각을 갖고 개발한 이유입니다. 아끼기만 하면 결국 안 먹게 됩니다. 팁을 드리자면, 조리할 때 설탕 대신 꿀을 후첨으로 넣으면 풍미가 좋습니다."

우리가치허니의 제품만 두고 봤을 때는 고생의 흔적이 보이지 않았다. 안 대표는 말했다. 아버지 사업의 연장이라고, 고향으로 귀향이라고 해서 쉬운 건 없었다고.

"초등학교 때였을 거예요. 벌에 쏘여서 눈이 퉁퉁 부어서 학교에 가고 그랬던 기억이 나요. 직접 양봉을 배우니까 만만찮았어요. 처음에 배울 때는 일 년에 500번 이상 쏘인 것 같아요. 그래서 제가 손 저림이 없어요. 봉침을 하도 맞으니까요. 봉독이 좋다는 걸 몸소 체험했지요. (웃음)"

양봉의 세계에 뛰어든 안 대표는 제품 개발에 눈을 돌렸다. 귀농·귀촌인을 위한 센터와 사업은 다양했다. 그러나 막상 시기별로 맞아야 가능한 일이었고, 현실적으로 부딪히는 한계도 적잖았단다.

"같이 양봉하는 젊은 친구들하고 얘기했을 때, 저를 사기꾼 보듯하기도 했어요. 아무래도 시장 확보도 안 된 상황에서 '무모한 도전'으로 보였나 봐요. 양봉에는 크게 화분, 로열젤리, 꿀, 프로폴리스가 있어요. 꿀 같은 경우 소비층이 거의 인맥입니다. 그것도 가족 단위로요. 저도 서울서 쌓았던 인맥이 소비층이 될 줄 알았는데, 막상 그렇지 않았어요. 오미자 스틱 분말의 경우, 포장재 지원 사업 시기가 안 맞아서 거의 자비로 연구에 뛰어들었어요. 꿀이 당 성분이 많은 데다 오미자는 청으로 만들었을 때 가스 성분이 있어서 건조하는 과정에서 터져요. 부풀어 오르거든요. 실패를 여러 번 하다가 결국 결합에 성공했죠. 앞으로는 유산균을 첨가해 볼 생각입니다."

계획대로 흘러가지 않는 것, 그것이 인생이고 묘한 아름다움이다. 안 대표는 오히려 이런 시행착오 덕분에 새로운 꿈이 생겼다고 했다. 귀농·귀촌인들을 위한 하나의 '틀'을 제안해 주는 선구자가 되고 싶다는 것이다.

"점점 문경이나 예천이나 인구 소멸 지역으로 가고 있어요. 귀농·귀촌에 관심을 갖고 막상 오면, 기대고 도움을 받을 수 있는 길이 크게 없어요. 지역 특산물 산업에 뛰어들 수 있도록 안정적으로 기반을 만들어 보고 싶어요. 정말 내려와서 젊은 귀농인에게 안정적인 직업을 제공해 주고 싶다는 거죠. 앞으로 10년은 열심히 해 보고 싶습니다."

겨울이 지나가고 어김없이 봄이 왔다. 거리를 거닐 때마다 꿀벌이 보이기 시작하는 요즘이다. 안 대표 역시 분주해질 시기다. 시골의 루틴에 완벽하게 적응한 안 대표는 힘줘 말했다. 귀농·귀촌은 후회 없는 선택이라고.

"벌은 생물이다 보니까 지속적인 관리가 필요해요. 평균적으로 3월부터 10월까지 바쁘죠. 바쁘지만 프리해요. 무슨 말이냐고요? 직장인들은 똑같은 일상 쳇바퀴를 돌리는 느낌이거든요.

농사도 물론 그렇지만 변화가 더 있어요. 기후도 다르죠. 무엇보다도 몸을 움직이니까 마음이 옥죄여 있다는 느낌을 안 받아요. 젊은 세대가 시골로 많이 왔으면 좋겠어요."

☞ **우리가치허니**
홈페이지 주소: www.wevaluehoney.com

호미 쥐던 손으로 붓을 잡은 곳 '신풍미술관'

친정 아빠의 본래 꿈은 화가였다. 평범한 직장인으로 반평생 사셨지만, 그림 자체를 놓은 적이 없었다. 학창 시절, 아침 식사를 하기 전 식탁 위에는 아빠가 직접 그린 그림과 함께 손 편지가 종종 놓여 있었다.

지금은? 카카오톡으로 본인 그림 사진을 찍어 보내신다. 평생 취미인 셈이다.

반면, 그의 딸인 나는 미술과 거리가 멀었다. 관심 분야가 아니었다. 방학 숙제를 벼락치기 해야 해서, 아빠가 절반 이상을 대신해 줬던 기억도 있다. 꾸역꾸역 미술 학원을 다녔던 잔상이 지금도 남아 있다. 아빠의 유전자를 이어받은 건, 오히려 내가 낳은 아들 같다. 시간만 나면 뭘 그리고 있다. '잘 그리냐 못 그리냐'의 문제가 아니라, 그 시간을 좋아한다.

아무튼 이런 배경에서 살았던 나는 미술에 대한 괴리감과 좌절감을 한 번씩 느꼈다.

책가방을 던진 후로는 덜했지만, 마실 나가듯 미술관 관람을 한다는 생각을 한 적이 없다. 그곳은 나와 다른 이들이 펼쳐 내는 환상의 세계, 미지의 세계임이 분명했다.

어쩌다 동거인 덕(?)에 시골에서 살게 되면서 문화적 갈증이 절로 샘솟았다. 서울에 있는 '예술의전당 한가람미술관'을 이곳 예천에 옮겨 왔으면 했다. 예천에 7년 정도 거주했던 지인이 말했다(지금은 타 지역에 거주하심). "여기도 미술관이 있어요. 있긴 있어요." 구체적으로 본인이 가 봤다는 건지, 어떻다는 건지 말을 안 해서 직접 검색에 나섰다. 검색창에 '예천 미술관'이라고 검색하자, '신풍미술관'이 나왔다.

운영 시간도 알아보지 않고 일요일 오후 길을 떠났다. 휴관이었다. 그러나 미술관 주변의 풍경에 마음을 홀딱 빼앗겼다. 미술관 뒤에는 100년이 넘은 신풍 교회가 있었는데, 직접 종소리가 들려왔다. 작은 시골교회의 종탑에서 종을 치던 종치기였던 동화 작가 권정생 선생님이 떠올랐다. '청아하다'는 단어는 여기에 써야 하는 구나.

사전 정보 없이 찾아갔지만 후회하지 않았다. 안온한 풍경에 매료되었다. 높은 건물이라고 딱히 보이지 않는 곳. 미술관 앞마당서 아이는 한참을 뛰어놀다 왔다. 집에 도착, 다시 검색을 했다. 할머니들이 그림을 그리는 미술관으로 유명한 곳이었다. 어쩌면 '예천살이'의 중요한 아지트가 되지 않을까 하는 상상에 사로잡혔다. 관장님에게 메일을 보냈다. 미술관을 둘러싼 이야기를 듣고 싶다고…. 관장님은 흔쾌히 허락을 하셨다.

더는 미술관에 대한 정보를 찾지 않았다. 왜냐, 다 알면 재미없으니까. 언론사에서 기자로 활동할 때, 언제나 인터뷰는 늘 준비되어 있었다. '나는 너에 대해 90%나 알아 왔어. 10% 정도는 들어 볼게.'라고나 할까. 이제는 뜬금없는 질문 속에 혹은 오고 가는 공기 속에 알아가는 과정이 좋다. 나는 그렇게 막무가내 면모를 아줌마가 되면서부터 지니게 되었다.

이정은 신풍미술관장이 시골에 미술관을 짓게 된 이야기. 지금부터 시작이다. 하나의 라이프스타일로 봐도 좋을 듯싶다. 자신의 삶을 차곡차곡 빚어 가는 그의 이야기는 흥미진진하다.

"저는 대학에서 미술을 전공한 뒤 미국 유학을 마치고 큐레이터로 활동을 했어요. 부산에서 살고 있었는데, 효자인 남편이 예천에 가야 한다고 했지요. 작고하신 시어머니께서 몸이 편찮으셨거든요. 저희 집에 모시기도 했으나 답답하시다며 결국 다시 예천으로 가셨어요. 어머니를 모시기 위해 고향마을로 가자는 남편을 따라오게 되었습니다. 남편이 집 옆에 미술관을 지어 준다는 말을 덧붙였거든요."

'어쩌다 신풍리'에 오게 된 이정은 관장. 쉽지 않은 결심이었다. 처음으로 부딪힌 난관은 '집짓기'였다고. 그런데 오히려 "집을 지으면서 철이 들었다"라며 이 관장은 웃어 보였다.

"저희가 공사비를 절약하기 위해 직영으로 집을 지었어요. 인부들의 생활이 보이더군요. 이분들이 새벽부터 와서 먹는 첫 끼가 라면이에요. 점심에 그리고 제 밥을 먹어요. 제가 밥을 했거든요. 또

퇴근하면 저녁에 막걸리 한 잔에 안주 삼아 주무시는 거죠. 다시 새벽에 라면을 먹고요. 그래서 저는 안 되겠다 싶어 아침까지 차리기 시작했어요. 새알 미역국, 주먹밥, 샌드위치…. 주변 어르신들에게도 나눠 드리고요."

그 과정 속에서 마을에 대해 알아 가기 시작했다는 게 이 관장의 설명이다. 신풍리는 파평 윤씨 집성촌이다. 큰 가족단위의 공동체 생활이니 만큼 '우리'의 일에는 다들 적극적이었다. 반면, 할머니들의 표정은 어딘가 모르게 어두워 보였다. 그즈음, 동네 할머니가 우울증으로 강물에서 생을 마감했다.

"아무래도 집성촌이다 보니, 개인의 일은 절대 입 밖에 내지 않는 게 있었어요. 작은 것도 삼키다 보니, 속은 아플 수 있는 거였죠. 처음 생각한 건 치료였어요. 이름하며 미술치료. 제가 공부도 했던 분야겠다, 자신 있었거든요. 이제 와서 보면 '내가 뭐라고 치료를 하려고 했나' 화끈거려요. 왜냐하면, 제가 오히려 할머니들 덕분에 치료받았기 때문이지요."

미술관에 할머니 그림 학교를 열어야겠다고 생각한 이 관장. 2010년 7월, 야심 차게 개관한 첫 전시의 이름은 〈할매가 그릿니껴〉. '~니껴' '~이로'라고 끝나는 구수한 예천 사투리를 담았다.

원칙은 있었다. 도와주지 않는 것. 즉, 자기 그림은 본인 스스로

그리기. 호미 대신 크레파스를 붙잡고 그림을 그려 나가는 할머니들을 보고 이 관장은 충격을 받았단다. 할머니들이야말로 '금손'이었던 것이었다.

"정말 놀랐어요. 그동안 참 많은 그림을 봤지만, 할머니들의 그림은 달랐어요. 이미 완벽했다고 해야 할까요? 이분들은 평생 농사를 하면서 자연 속에서 색감을 익힌 거였지요."

미술관은 지금도 계속해서 나아가고 있다. 할머니들과 수업 후 '한 끼' 식사도 잊지 않는다. 2018년에는 할머니들과 독일에 초청돼 전시회를 열기도 했다. 미술관의 역할을 소홀히 하는 것도 아니다. 전시를 할 때마다 도슨트는 일대일로 맞춤으로 진행한다.

10년이면 강산도 변한다는데 이정은 관장은 어떠했을까. 그는 "모든 것이 변했다" 하고 웃어 보였다.

"제가 원래는 고상하고 우아한 삶이 모토였어요. 말도 아무하고나 하고 안 하는 성격이었답니다. 그런 제가 이제 부스스하게 다니고, 세수도 안 할 때도 있지요. (웃음) 성공 가치관도 달라졌어요. 할머니들처럼 그렇게 세월을 견디며, 살아 있다는 게 성공이라고 저는 생각해요. 공동체 정신도 생겼지요. 같이 가야 합니다. 하다못해 돈이 생기면 예전에는 차나 가방을 사려고 했죠. 지금은 할머니들 앉는 의자라도 하나 더 사려고 해요. 할머니들은 이제 제가 콩을 팥이라고 해도 (저를) 믿는다고 해요."

상생하는 삶. 그것은 할머니들도 마찬가지였다.

"그동안 할머니들은 거의 농사는 지어도, 자신들의 밥은 소중히 여기지 않고, 물에 밥을 말아서 때우는 식이었어요. 평생을 '밥버러지'라고 그러셨던 거죠. 돈도 없고 나이도 많고. 그렇지만 여러 매체에 나오면서부터 자녀들에게 칭찬을 받으니, 자존감이 올라가셨어요."

누군가의 미술관이 아닌 누구 나의 미술관. 이정은 관장이 지향하는 미술관이었다. "지금도 동네 분들은 새참을 먹고, 잠이 안 온다며 전시를 보러 오시기도 해요. 흙 묻은 장화를 문 앞에 가지런히 놓고 구경하시죠. 제 생각에 미술관은 깨진 독입니다. 오히려 깨지지 않으면 고여 있는 물이 됩니다. 자만심이 될 수도 있습니다. 깨져야 물이 흘러 강으로 나갈 수 있어요. 언제든 놀러 오세요. 같이 밥 먹어요."

☞ **신풍미술관**
주소: 경북 예천군 지보면 신풍1리길 50

할머니 그림 학교 관찰기,
일상에 미술을 더하다

  경북 예천군 유천면인 우리 집에서 신풍미술관(예천군 지보면)까지의 거리는 25㎞. 몇 달 사이, 세 번 갔더니 마음의 거리가 그새 가까워졌다. 25㎞가 아닌 2.5㎞정도.

  할머니들의 그림 수업으로 나름 입소문이 난 미술관, 전시는 봤건만 실제 그림 수업 현장은 못 본 터…. 마침 시간이 맞아 급방문했다.

  미술관 문 틈 사이로 트로트 소리가 은은하게 들렸다. 저마다 붓을 들고 색칠에 여념 없는 모습이 눈에 들어왔다. 10여 명의 할머니들은 우리 전통 밥상, 소반(小盤)에 그림을 그리고 있었다. 소반의 사전적 의미는 자그마한 밥상이란 뜻이다. 과거 좌식생활이 주였던 우리 민족에게 소반은 늘 곁에 있는 친구나 다름없었다.

  할머니들은 한 차례 '구첩반상'이라는 이름으로 전시를 한 바 있다. 평소 좋아하는 음식, 아들과 딸이 좋아하는 반찬 등 자유롭게 그림을 그렸었다. 이제 이 반찬을 올릴 소반을 장식하는 셈이다.

대부분 꽃을 그리고 있었다. "봉숭아꽃 같아? 몰라 나도. 그냥 그리는 거야." 겸손을 무장한 실력은 만만찮았다. 전문가는 아니지만 색감의 활용이 그럴싸했다. 대다수가 평생 농사를 짓고 살았던 터라, 늘 보던 자연의 시선을 담는 듯했다. 안동과 예천의 통합에 대한 의견부터 수박씨 심는 농사 이야기까지 수다 꽃도 피워 가며….

그림 작가 로즈 와일리는 이렇게 말했다(화가 로즈 와일리 할머니는 75세부터 작가의 길을 걸어 86세에 유명 작가가 됐다). "그림은 대단한 무언가에 관한 것이 아닙니다. 많은 사람이 그것을 이해하지 못하는 것 같아요. 어떤 메시지가 담겨 있다고 생각하지만, 그렇지 않습니다. 그림 자체가 메시지입니다."

할머니들의 미술은 고리타분한 학문, 우아한 딴 나라 이야기가 아니었다. 일상에 미술을 품은 것처럼 보였다. 천천히 가늘고 길게 스미듯, 수업은 2010년부터 14여 년간 이어 오고 있다. 지도 선생님 역시 옳고 그름을 판단하지 않고, 조금씩 조언을 해 가며 채색 작품을 살펴보는 듯했다. 선 하나도 터치하지 않는다는 게 이들의 철학. 실제 할머니들은 전시도 여러 차례 열었다. 2018년에는 독일 함부르크에서 전시 초청을 받기도 했다.

문득, 인기 트로트 가요 〈내 나이가 어때서〉가 떠올랐다. 예술을 향유하고 즐기는 건 나이 따위 상관없다. 미술교사, 큐레이터로 재직했던 이성은 관장은 "문화예술은 분명 상처를 치유하는 힘이 있다. 마을 분위기가 밝게 바뀌었다."라고 했다.

　하이라이트는 점심 밥상. 2시간가량의 수업이 끝나면 전시장 옆의 식당에서 밥이 준비된다. 이성은 관장은 매주 할머니들을 위해 점심 식사를 직접 준비한다. 이날의 점심은 치킨가스와 카레. "저희가 농사를 지으니까요. 어떻게 되더라고요." 하면서 웃는 이 관장의 표정은 행복해 보였다. 좋아서 하는 일은 힘들더라도 하게 되는 법이다. "다음 주에는 신문지를 작품으로 한 작가의 전시가 열려요." 미술관에서 열리는 전시 소식에 할머니들은 귀를 기울이는 모습이었다.

　일상에 예술을 더하는 이들의 모습은 보는 이의 마음에 쉼표를 찍게 했다. 거창하고 웅장하지 않아도 일상의 빛깔을 칠하는 건 결국 자신의 몫이라는 것도 깨달은 하루였다. 마음에 평온이 필요할 때, 신풍미술관으로 와서 그림과 함께 펼쳐진 논 뷰를 구경하는 건 어떨까.

양말목 할머니의 인생철학

나는 겨울에 취약한 인간이다. 추위에 몸과 마음이 움츠러든다. 오, 수족냉증이여. 핫팩과 한 몸이 된다.

마음 같아서는 여건만 된다면, 동남아에서 몇 달 겨울을 보내고 싶다. 현실은 아직 그 로망을 실현하지 못했다. 3박 정도로만 다녀올 뿐이다. 그렇다고 겨울에 집에만 있는 타입도 아니다. 본래 집순이와는 거리가 멀다. 그럴수록 더 밖에 나온다. 방 안에서 웅크리는 대신 활력을 만들어 보려고 한다. 맞서 싸우겠다는 의지인 셈이다.

류시화 시인은 저서 《내가 생각한 인생이 아니야》에서 이렇게 말했다. "삶은 발견하는 것이다. 자신이 기대한 것이 아니라 기대하지 않았던 것을. 인생이 주는 가장 큰 선물은 '다른 인생'이다. 사랑하면 세상이 말을 걸어온다." 시인은 '세상의 모든 것에서 아름다움을 보는 사람'을 가장 부러워한다고도 했다.

겨울이 주는 권태에 지지 않으려는 이 시기, '황량한 농촌 풍경에서 아름다움을 어떻게 발견하지?' 고민에 휩싸였을 즈음이었다. 단골 카페 사장님과의 대화에서 힌트를 얻었다. "우리 카페에 양말목 작품을 만들어서 기부하신 분이 있으셔요. 그분 한번 인터뷰해 보는 거 어떨까요." 수십 번을 간 카페인데, 그제야 양말목 인형이 눈에 들어왔다. 모자 쓴 슈퍼마리오 같기도 하고 산타클로스 미니 버전 같기도 했다. 발견하는 데에도 감응력이 필요한 법이다.

그렇게 성사된 만남, 최기희 씨의 2층 작업실에는 양말목 작품이 가득했다. 방석부터 휴지 케이스, 바구니 등 종류도 가지각색. 정해진 틀은 없단다. 최 씨의 머릿속에서 아이디어가 떠오르면 실행에 옮긴다. 5년가량, 시간이 날 때마다 매진했단다. "필요한 거 있으면 가져가요. 제가 천 장 가까이 예천군에 기부를 했었어요. 이건 양궁 모양을 넣은 방석이고요." 궁금증이 턱끝까지 차올랐다. '양말목 선생님'! 어예 살아오셨니껴. (예천 사투리로 '어떻게 살아오셨나요?'라는 뜻이다.)

1954년생, 최기희 씨의 고향은 예천 용문면 능천리.
'나의 살던 고향은 꽃피는 산골⋯.'을 부르듯, 웃으며 최 씨는 말했다. "용문국민학교(지금은 용문초등학교), 중학교는 시험을 쳐서 예천여중에 다녔지요. 20리가 넘는 길을 걸어 다녔어요. 즐거웠던 추억입니다. 그때는 전깃불도 없었어요."

18살 무렵에는 서울에도 잠깐 있었다. 병원에서 사무보조 일을 했단다. 그러다 다시 예천에 돌아와 용문 우체국 교환실에서 근무를 했다. 스물셋, 꽃다운 나이에 결혼을 했다. 딸 셋, 아들 하나를 낳았다. 다시 또 예천을 떠났다. 이번에는 성남으로.

"시아버지, 시어머니까지 해서 여덟 식구가 성남으로 이사를 갔어요. 제 나이가 그때 서른 중반쯤이었어요. 남편 직장 때문에 갔죠. 거기서 저는 구멍가게, 지금으로 치면 슈퍼마켓을 했어요. 봉사도 많이 했어요. 제가 워낙 손뜨개질해서 남 주는 걸 좋아했어요."

아이들 키우랴 시어른 모시랴, 정신없던 시절이었을 테다. 한 템포 쉬어 갈 법한데, 최 씨의 다음 인생 여정에는 '공부'가 자리 잡는다. 최 씨는 아이들 공부를 다 시켰을 무렵, 경기여고 부설 방송통신고등학교에 들어갔단다.

세월이 흘러 50대가 되었다. 남들이 은퇴를 생각할 무렵, 최 씨는 고향 예천에 내려오게 된다. 방문요양센터를 열게 된 것이다. 당시 내려온 딸과 함께 예천소백어르신센터를 운영하고 있다.

"제가 2008년, 55세에 다시 예천에 왔어요. 그리고 나선 대학에 들어가 사회복지 공부를 했어요. 장기요양 일을 하면서 매뉴얼도 직접 다 짰죠. 사실 저는 겁이 없었어요. 왜 그런가 하면, 유전적인 면모가 있는 거예요. 우리가 여섯 형제인데, 아버지의 사랑을 정말 많이 받고 자랐어요. 그래서 어릴 적부터 제가 조그마해도 정서적으로 안정이 되었어요. 리더십도 있었고요."

30대에 떠나 50대에 다시 돌아온 예천. 어땠을까. 20년 공백의 변화를 느꼈을까. 최 씨는 '인구 소멸'을 체감했다고 했다.

"예전에 장날에 나가면 임신한 사람이 많았어요. 그때는 18만이 넘었으니까요. 북적북적했죠. 지금은 옛날에 반도 안 되는 거죠. 그래도 객지에서 살다가 들어오니까 마음이 안정되고 좋았어요. 개구리 우는 소리도 들리고, 새벽닭 우는 소리도 정겨웠지요. 저는 용문 초간정, 남산공원을 좋아해요."

최 씨의 '업'과 '취미'는 어찌 보면 연결되어 있었다. 모두 남에게 베풀고 도와주는 이타적 마음이 있어야 가능한 일이다.

최 씨는 "시어머니께서 101세에 돌아가셨어요. 어르신들을 모시고 살았기 때문에 경험에서 배운 힘이 커요. 한편으로는 맏이니까 당연하다고 생각했지요."라며 웃어 보였다.

어르신 돌봄 현장에서 느끼는 바도 많다. 최 씨는 예천 지역만 담당한다.

"늙고 죽는 건 당연합니다. 그런데 몸이나 육체나 정신을 어떻게 하느냐에 따라, 웃고 죽을 수도 있고, 억울해서 울고 죽을 수도 있어요. 될 수 있으면 살아 있을 때 많이 내려놓고, 속상해도 받아들이려고 합니다."

누구나 인생의 굴곡이 있다. 다만, 고난이 찾아올 때 어떻게 헤쳐 나가느냐에 따라 결과는 크게 달라질 수 있다. 최 씨 역시 아픈

순간들이 있었다. 특히 예상치 못한 가족과의 이별이 그러했다.

"둘째딸이 35살쯤 뇌졸중으로 하늘나라에 갔어요. 그 손자를 제가 맡아 키우고 있어요. 당시 5살이었는데 지금 고2가 되었어요. 남편은 코로나 직전에 사고로 돌아가셨어요. 그 이후 저도 우울증이 왔어요. 마음을 달래기 위해 양말목 공예에 매진했어요. 잡념을 없애는 데 그만입니다." 타인의 아픔을 들을 때면 숙연해진다. 그 아픔을 통과한, 승화시킨 서사 앞에서는 저절로 겸허해진다.

최기희 씨의 아픔. 양말목은 상처가 났을 때 바르는 약과 대일밴드, 소독제와 비슷했다. 손뜨개를 좋아했던 최 씨는 양말목 공예에 푹 빠졌다. 우리가 신는 양말의 발가락 부분을 보면 박음질이 되어 있는데, 그 앞에 달려 있던 부분이 바로 양말목이다. 이전에는 폐기되었는데, 최근 양말목은 공예의 재료로 사용되기 시작했다. 제로웨이스트를 실천할 수 있는 착한 공예인 셈이다.

"지인이 양말 공장을 해서 재료를 받을 수가 있었어요. 잠이 안 올 때마다 시간이 날 때마다 만들었어요. 1,000개의 방석은 노인대학에 기증을 했지요. 예천만의 양궁을 새겨 넣은 작품도 여럿 됩니다. 손주가 예천중학교 소속 선수랍니다. 양궁 월드컵 대회가 다가오니, 열심히 떠야 해요."

최 씨의 굳센 원칙은 하나. 절대 팔지 않는다. "사람이 돈을 받으면 계산을 하게 됩니다. 무조건 필요한 사람에게 기부해요. 수업도 전부 봉사로 합니다. 이게 제 취미니까요. 양말목 공예는 어르신들에게도 좋아요. 색깔 감각을 익히고 치매 예방도 할 수 있지요. 남은 생도 지금처럼 이렇게 보내고 싶어요. 혹시 봉사 생각 있어요?"

'보일러를 안 켜서 춥다'는 그의 2층 작업실은 아이러니하게도 온기로 가득했다.

"그 사람의 인생사를 경청하는 것을 최고의 '독서'라고 생각한다."
《담론》(신영복, 돌베개, 2015, p. 251)

신영복 선생님의 말마따나, 사람이라는 책 한 권을 진득하게 읽은 오후였다.

비하인드

양말목 할머니는 인터뷰 이후에도 양말목과 하루를 보냈다. 할머니는 '예천 2024 현대양궁월드컵대회' 참가를 위해 예천을 방문한 각국 선수들을 위해 직접 선물을 준비해 전달했다. 선수들에게 줄 양궁 문양의 방석, 키링, 가방 등 1,500점 이상을 모두 직접 떠서 만들었으니, 정성이 대단하다. 할머니 만세!

논두렁 뷰 카페
'용궁특별시'에서 시골 누리기

'커피 한잔'이 생각날 때, 한 번씩 옆 동네 용궁면으로 달려간다. 평균 10분이 소요된다. 어김없이 들판 앞에 차를 세운다. 나만의 전용 주차 구역. 앞쪽으로는 이앙기, 트랙터, 콤바인이 늘 제자리를 지키고 있다. 추수기에는 주차 후 황금빛 벼를 관찰했다. 바람에 일렁이는 벼나 갈대를 보며 온몸으로 가을을 만끽했다. 운 좋으면, 개포역에서 출발하는 무궁화호 기차도 한 번씩 볼 수 있다. 그럴 때면, 영상도 찍어 서울에 있는 친구에게 보낸다. 아날로그 감성이 불을 붙이는 순간이다. 조금 더 추워지면 하얗고 둥근 마시멜로 공, '곤포 사일리지'가 가득할 것이다. 그렇게 시골에서의 사계절을 맛보고 있노라면, 잊고 있던 커피가 떠오른다. "아차!"

발걸음은 바로 옆 '용궁특별시' 카페로 향한다. 라테 아니면 아메리카노 한 잔 주문. 나는 주로 반 고흐 카펫이 걸려 있는 자리에 앉는다. 창밖으로 시골집이 보여서 그렇다. 뷰 맛집이다. 슬레이트 지붕에 처마와 낮은 난간이 둘러진 주택. 사람이 더는 살고 있지 않은 듯 보인다. 그렇다고 황량하지 않다. 도리어 여느 시골 할머니의 집처럼 정겹고 소박하다. 지금은 카페 앞길마다 맨드라미꽃이 즐비하다. 유채꽃이 만발할 때면 진풍경이다. 라테 특유의 거품과 풍미에 미각은 물론, 시각도 호사를 누린다. 과장을 보태자면, 행복이 뭐 별거 아니라는 생각도 든다. 시골살이의 자부심도 팬스레 올라간다.

예천살이 1년이 넘어가고, 카페를 방문하는 횟수가 늘면서 궁금해졌다. '용궁특별시'를 둘러싼 이야기들이…. 내친김에 지면을 핑계 삼아 인터뷰를 진행했다. 우선 카페 이름부터. "사장님, '용궁특별시'라는 아이디어는 대체 어디서 나온 거죠?"

윤승빈 사장님은 머쓱한 웃음을 지어 보였다. "제 고향이 이곳, 예천군 용궁면이에요. 초등학교 3학년 때부터 점촌서 학교를 다녔거든요? 그때 아이들이 용궁에서 왔다고 하면 놀리는 기색이 있었어요. 시골이라고. (웃음) 저는 그래서 이렇게 말을 하곤 했었어요. '야, 용궁특별시야. 얼마나 좋은데.' 그랬더니 아이들이 오히려 자전거를 타고 용궁에 놀러 오기도 하고, 뭐라고 안 하더라고요. 그때부터 대학을 가면서까지 '용궁특별시'라는 단어를 만들어 썼어요. 나중에 친구들이 카페에 오고선 제가 말했던 유행어 추억을 회상하더라고요."

호기심이 해결됐다. 용궁특별시는 급조한 이름이 아니었다. 적어도 20년의 세월을 간직한 유서 깊은 단어였다. 윤 씨는 학창 시절을 거쳐 대학을 나온 후 꽤 오랫동안 용궁면에 없었다고 한다. 관광과를 전공, 주로 호텔과 외식업계 등에서 일을 했다. 타지를 돌다가 고향에 돌아온 건 2020년. 카페 근처에서 가게를 하는 부모님의 권유로 귀향을 결심했다. 지금의 카페 자리는 오래전 부모님께서 횟집을 했던 곳이기도 하다.

용궁특별시는 '소품 맛집'으로 유명하다. 카페는 윤 씨의 손길이 안 닿은 곳이 없다. 레고, 미니카, 미니어처, 영화 포스터, 그림, 스누피 영상 등 볼거리가 풍부하다. 처음 방문하는 이들이 카메라를 쉴 새 없이 찍는 이유가 여기에 있다.

"현재 낮은 탁자가 놓여 있는 곳에 앉아서 날이면 날마다 빈 카페를 쳐다봤어요. 어떻게 꾸밀까 하고요. 사람들이 좋아할 만한 소품을 고민하기도 하고. 문 앞에 있는 옛날식 캠코더 영상은 청주까지 가서 중고로 사 왔어요." 인테리어에 공을 들였다고 윤 씨는 귀띔했다. 그렇게 긴 준비 끝에 2021년 5월, 카페는 문을 열었다.

세상에는 쉬운 일이 없다. 자질구레한 것부터 굵직한 일까지 해결해 나가면서 윤 씨의 경험치는 올라갔다. '용궁특별시'는 손님의 특색이 둘로 나누어진다. 주말이면 용궁면 순대를 먹기 위한 외지인 여행객이 몰리는 반면, 평일에는 연령 불문 인근 현지인이 찾는다.
시골 특유의 문화도 그럴듯하게 부드럽게 넘긴다는 게 윤 씨의 설명이다. 이를테면 이런 것이다. "저는 잘 몰라도 저를 다 알고 계시는 어르신들이 많으셔요." "바쁘면 사용하는 진동벨을 이해 못

하는 분들도 적잖았죠." "여행객분들은 주문을 하더라도 산만하셔요. 카페 내부 사진을 찍느라 바쁘거든요. (웃음)"

3년이 흘렀다. 현재 시점에서 용궁면을 향한 애정은 어떠할까. 윤 씨는 '새로운 발견'을 했다고 거듭 말했다.

"우선 개인적으로 삶의 만족도가 올라갔어요. 결혼을 하면서 저 역시 용궁에 살게 되었는데, 논에서 강아지와 산책하는 것만으로도 참 좋아요. 한 번씩 만파루(용궁면에 자리한 누각, 일제 치하 독립운동의 선도 지역이었던 곳)에 올라가서 풍경을 바라보기도 하고요. 지인들에게도 시골에 오라고 얘기해요. 도시는 트렌드가 너무 빨리 바뀌니까, 따라잡기가 참 어렵거든요. 천천한 변화가 마음에 들어요. 대리석 건물이 하나둘씩 생겨나면 마음이 아파요." 시골이 조개 속 진주로 보였다는 말이었다.

그렇다고 유유자적의 삶만 즐기는 게 아니다. 윤 씨의 눈에 들어왔던 건 '아이들'이었다. 버스 정류장에 서 있던 학생들을 보고 아이디어가 떠오른 것. 윤 씨는 '카페 수업'을 학교 측에 제안했다.

"저 어릴 적에는 참 용궁이 좋았어요. 아이들이랑 과수원에서 뛰어도 놀고. 그런데 지금 시골이 다 그렇겠지만 아이들이 없어요. 그나마 있는 아이들도 버스 정류장에서 보면 뭔가 풀이 죽어 있어요. 노인정이랑 쉼터는 있잖아요. 아이들을 위한 공간이 용궁면에는 없거든요. 하다못해 에이드와 토스트 만드는 수업을 진행하겠다고 마음먹었죠. 커피 이론도 살짝 섞어 가며 실제로 수업을 하니까 아이들 반응이 괜찮았어요."

몇 번의 수업 끝에 오히려 윤 씨의 꿈이 새로 생겼다. 카페를 문화공간으로 키워 보는 것이 바로 그것. 이를테면 아이들이 놀 수 있는 책방이나 간식 창고를 만드는 것이다. 윤 씨는 "더 잘 벌어야 한다"라며 웃어 보였다.

"저희 카페 메뉴 중 '특별시 라테'를 추천하고 싶어요. 스카치캔디 맛이 감돌아 달콤하고 풍미가 깊어요. 오곡라테와 밀크티도 맛있고요. 대추차는 저희 어머니께서 수제로 만든 거라 믿을 수 있습니다. 카페에서 특별한 추억을 쌓을 수 있도록 노력하겠습니다."

비하인드
용궁특별시 사장님과 대화를 하면서 나는 시골의 희망을 감지했다. 아직은 시골에도 미래가 있다고. 폐업으로 이어지는 '개인 카페' 뉴스 기사를 적잖게 보다, 스토리가 있는 시골 카페 이야기를 들으니, 응원하게 되었다. 훗날 청년이 된 아이와 왔을 때도 살아 있을 노포(老鋪) 카페가 되길 바라며.

☞ **용궁특별시**
주소: 경북 예천군 용궁면 용궁시장길 42

용궁면 무이 1리의 홍반장
"컴백 투 컨트리, 마을 살려야죠"

"인생이란 정신없이 다른 계획을 세우고 있을 때 너에게 일어나는 일이야(Life is what happens to you while you're busy making other plans)."

독일의 거장 그림책 작가 유타 바우어는 자신의 작품을 소개하면서 존 레논(1940~1980)의 노랫말을 인용했다.

30대 중반, 어렴풋이나마 이 말을 알 것 같다. 계획대로 되지 않는 게 인생이다. 계획과 계획 사이, 우연히 빚어질 때가 오히려 많다. 나 역시 직업군인 가족. 여기에 더해 노마드(유목민)로 살 줄 몰랐다. 2015년부터 4번의 이사를 했다. 우연의 힘이 컸다. 그리고 2022년 8월, 경북 예천군에 왔다.

예천을 더 알고 싶은 마음에 시작한 '동네 작가'라는 활동을 시작했다. 귀농귀촌통합플랫폼 '그린대로'에서 모집했다. 농림축산식품부와 농림수산식품교육문화정보원에서 운영하는 사이트다. 나 말고도 예천에서 활동하는 작가분이 몇몇 더 있었다. 같은 지역이어도 동네 작가마다 글이 달랐다. 저마다의 특색을 지니고 있었다.

그렇게 예천군에서 활동하는 또 다른 작가의 글을 보다 궁금증이 들었다. '이분 누구지?' 내가 사는 곳은 유천면. 옆 동네 용궁면 소식을 자주 올리는 사람의 정체를 알고 싶었다. 이름은 이승희. 용궁면 단골 카페 사장님께 물었다. 시골은 한 다리 건너면 다 안다. "알지, 알지. 이장님이잖아요!" 그렇게 이장님을 만나게 되었다. 동네 작가 상봉 인터뷰를 진행하게 된 스토리다.

이승희, 예천군 용궁면 무이 1리 이장, 4년 차에 돌입했다.

내가 생각하는 이장의 이미지는 '홍반장'이었다. 영화 〈어디선가 누군가에 무슨 일이 생기면 틀림없이 나타난다 홍반장〉에서 홍반장은 관심 분야가 참 다양하다. 모르는 것이 없다. 마당발이다. 이승희 이장도 비슷했다. 용궁, 아니 예천의 홍반장이나 다름없었다. (여기서 잠깐, 읍·면·리의 행정 책임자인 이장과 도시지역 행정동 책임자인 통장은 행정조직의 최말단에 있지만 하는 일이 생각보다 많다. 법규로 명시되진 않았지만 책임과 역할은 일일이 나열하기 힘들 정도다.)

"이곳에서 태어났지요. 고향이에요. 그런데 제가 살았던 곳은 다양하답니다. 아버님을 모시기 위해 다시 11년 전에 용궁에 돌아왔습니다."

이 이장은 필자보다 더 노마드의 삶을 살았다고 한다. 이 이장은 본래 대기업 자동차 회사에 다녔단다. 일본에서도 살았었다. 승승장구했다. 그러다 IMF를 겪고, 회사를 그만두고 미국에 이민을 갔다. 그의 나이, 40대 초반이었다. 자식들은 미국에서 잘 정착을 했다. 당시 고1, 초6인 아들과 딸은 잘 컸다. 미국 국방성(Pentagon)과 글로벌 회계법인 KPMG에서 일하고 있다. 그러다 이 이장만 뜬금없이 다시 한국에 왔다. 용궁에 사는 아버님이 편찮으셨기 때문이다. 그야말로 '컴백 홈(Come Back Home)'이었다.

"처음에 와서 한 3년은 놀았어요. 이것저것 활동도 하고 마을 사람들도 만나고요. 아버님은 3년 전에 돌아가셨지요. 고향에 돌아오니 농촌의 노령화, 인구감소, 지방 소멸 모든 것을 몸소 느꼈어요."

'쓸모없는 경험 없다'라는 게 이 이장의 삶의 궤적과 어울리는 말이다. 궁금한 게 있으면 부딪히고, 하고 싶은 게 있으면 일단 시도부터 한 게 그가 말하는 경험이다.

이 이장은 그렇게 하나둘 활동을 늘렸다. 용궁면새마을협의회장, 예천군귀농귀촌인연합회장(참농부들)을 비롯해 경북농민사관학교에서 공부도 하고 있다. 그뿐만 아니라, 구기자 농사도 짓고 있다.

"제가 자동차 회사에서 일할 때부터 공동체의 중요성을 깨달았어요. 자동차 하나가 나오기 위해서는 수많은 협업 과정을 거쳐야 합니다. 이장으로 활동하면서도 중립을 지키고, 더 큰 틀에서 중요한 가치를 창출해 보려고 합니다."

요즘 가장 큰 관심은 단연 '농촌 살리기'이다. 그가 구상하는 바는 '자연을 살린 관광산업'이다. 이 문제에 대해서는 어디서나 이야기를 하고 있단다.

"이장이 되고 난 후 마을 사업비를 지원받아 도로도 보수하고 이것저것 정비했어요. 용궁면은 순대가 유명하잖아요. 순대를 먹고 가는 게 아니라, 회룡포도 구경하고 삼강주막도 보고, 하루 자기도 하는 트라이앵글 여행 단지를 만들고 싶어요. 자원을 복원하면서 관광 자원화하는 게 시골 관광산업의 지향점이 되어야 합니다. 친환경적인 관광 자원을 개발하기 위해서는 공무원을 비롯해 많은 이들이 공부를 해야 합니다."

이 이장은 끝으로 '앞으로 어떻게 살고 싶은지'에 대한 질문에서도 "지방을 부활 복원시키고 싶다, 컴백 투 컨트리(Come Back To Country)"라는 말을 남겼다.

"농촌의 부활은 준비하는 삶을 정착시키는 것이 아닌가 생각해 봅니다. 미리 준비하는 삶이야말로 성공의 비결 아닐까요?(Before everything else, getting ready is the secret of success.)"

예측 가능하지 않고 계획대로 되지 않는 것이 삶이지만, 현재에서 최선을 다하는 삶. 그것을 즐기는 게 답이라는 힌트를 얻었다.

그나저나 어쩌다 시골에 살다 보니, 어쩌다 이장님도 만나 봤다!

예천읍에서 만나는 프랑스 에펠…
30년이 휙 지나갔어요

대형 프랜차이즈 빵집의 홍수 속에서 용케도 살아남은 빵집이 읍내에 있다. 바로 '에펠제과'다.

호기심을 끌고 들어간 그곳에서 구입한 경상도 찰보리빵. 무의식적으로 계속 먹고 있었다. 뒤늦게 절제 신호가 울리고 나서 보면, 앉은 자리에서 네 봉지가 찢겨 있었다. 그다음부터 에펠제과는 조심해야 할 곳으로 인지되었다. 다행히 나만 그런 게 아니었다. 인터뷰차 만난 빵집 사장 전윤숙 씨도 찰보리빵의 끌림에 격한 공감을 표했다.

"어느 날, 경주에 사는 여동생에게 전화가 왔어요. 찰보리빵이라는 게 있는데 맛있다고. 너도 빵집을 하니까 만들어 보는 게 어떠냐고요. 먹어 보니 정말 괜찮더라고요. 제가 빵집을 하지만 막상 빵은 크게 안 좋아했어요. 그런데 찰보리빵만큼은 일하면서 하나씩 먹게 되더라고요. 자꾸 손이 가요. 보리니까 속이 부대끼지 않고 당뇨에도 부담 없죠. 2004년부터 만들었어요, 찰보리빵은."

'손이 가요 손이 가, 새우깡에 손이 가요. 어른 손, 아이 손, 자꾸만 손이 가 ♬' 과자 새우깡의 CM송이 겹쳐 떠오르는 스토리다. 이처럼 에펠의 시그니처 빵은 찰보리빵이다.

궁금증을 하나씩 해소해 보기로 했다. 우선 상호부터. '에펠제과'는 어떤 의미일까.

"1994년 이 자리에 오픈했어요. 어느 날 손님이 벌써 30년 넘었네요? 하더라고요. 그제야 알았어요. 세월이 참 빨라요. '에펠'은 셋째 오빠가 지어 줬어요. 그 당시 오빠가 프랑스에서 근무하고 있었는데, 10개 정도 후보군을 보내 줬죠. '봉주르'도 있었고, '마드무아젤'도 있었는데 에펠이 마음에 들더라고요. 저요? 막상 아직 프랑스 에펠탑은 보러 못 갔네요. 정말 바빴거든요."

에펠 로고가 그려진 에펠제과의 주소는 예천읍 남본리 223-7번지. 한자리에서 빵집을 이어 온 건, 보통 애정이 있어야 가능한 게 아닐 터. 의성 출신인 전윤숙 씨는 결혼 후 첫딸을 낳고 서울서 살다 예천에 자리를 잡았다. 사이가 각별했던 이모네가 사는 곳이라 본래 예천이 익숙했단다. 처음엔 슈퍼마켓을 하다, 지금의 가게 자리에 집을 짓게 되었다. 앞집 중국집은 늘 손님이 많았다. '밀가루 장사'를 해야겠다 마음먹게 된 계기다. 그러다 빵이 떠올랐다. 집 짓는 7개월간 안동에 있는 지인 제과점에서 일을 도왔다. 대구에 있는 제과학원도 등록해 병행했다.

"하고 싶었으니까요. 사실 빵보다는 떡을 좋아하는 편인데, 만드는 건 너무 재미있었어요. 처음 개업하고는 기술자를 뒀죠. 기술자에게 팥을 삶는 법도 배우면서 팥빙수도 내놓을 수 있었고요." 에펠제과의 팥빙수 역시 찰보리빵 못지않게 효자 품목이다. 예천에서 난 국산 팥을 고수하고 있다. 달지 않고 입에 감긴다.

눈코 뜰 새 없이 바빴던 시절이 있었다. 예천의 굵직한 단체 행사에 빵과 케이크 주문이 몰려왔던 때. 이른 아침에 출근해 새벽에 들어가야 할 정도였다. 전 씨는 "갱년기가 올 세가 없었다. 슈퍼를 할 때 배드민턴을 10년 했는데 그때 길렀던 체력이 밑바탕이 되어 버렸는지도 모르겠다."라고 했다. 그렇다고 본래 셈에 능한 스타일은 아니란다. 지금도 마찬가지. "팔 남매 중 여섯째로 자랐어요. 중간에 끼어서 그런지 '내 힘으로 살아가야 한다'라는 생각을 많이 했어요. 근성도 있었고요. 맛있게 먹었다는 손님들의 말 한마디가 참 힘이 되었지요."

세월이 흘렀다. 개업 당시 고등학생이었던 두 아이는 장성했다. 30여 년의 흐름 속에 어느덧 사장님의 앞자리 나이도 '4'에서 '7'이 되었다. 코로나 이후 빵집은 예전처럼 바쁘지 않다. 그래도 전 씨의 일상은 비슷하다. 새벽부터 빵을 만들고, 문을 열고, 주문한 찰보리빵을 굽는다. 그 일상에 충분히 만족한다.

에펠제과는 최근, 군에서 지원하는 인테리어 시설 보수 사업에 선정이 됐다. "조금 가게 분위기가 바뀔 수도 있겠다"라고 전 씨는 귀띔했다. 사회사업학과를 전공한 아들은 내심 엄마의 빵집을 지키고 싶은 마음이 있단다. 팥빙수 팥을 제품화해서 유통하고 싶은 꿈도 키우고 있다고. 나이가 들수록, 아들의 마음이 고맙기도 하다.

"할 수 있는 데까지 계속 빵집을 지키고 싶어요. 여름에 팥빙수 먹으러 오세요. 정말 맛있답니다." 에펠제과 앞에선 전 씨의 모습을 보고 있노라니, 다부짐이 느껴졌다.

비하인드
여름에 빙수를 먹으러 갔다가 깜짝 놀랐다. 버스 대절해서 온 어르신들이 가득. 단체 손님이 많단다. 직접 먹어 보니 고개가 끄덕끄덕.

☞ **에펠제과**
주소: 경북 예천군 예천읍 맛고을길 50-4

닭 뛰어 놀고 비둘기 날아다니는 '리얼 시골살이' 부부

"웬만한 전기공사는 뭐 제가 다 해요."
"이 집도 안 되겠다 싶어 제가 지었어요."
내가 만나 본 '시골 사람들'의 공통점, 단연 '생존력'이다. 남의 도움을 받기 전, 스스로 해 본다.

몇 년 전, 횡성군 산기슭에서 대형 펜션을 운영하는 여사장님의 집에 놀러 갔다 본 풍경은 뇌리에 깊이 박혔다. 비가 와서 조경이 무너졌다며 커다란 돌을 옮기며, 각종 연장 도구를 들고 있던 모습.

"이게 뭐가 멋있어요? 기본인데…." 하던 쿨함. 산을 정면으로 바라보며 드럼을 치는 스케일이 다른 취미 생활.

아마 그때부터였을 것이다. 그들을 바라보던 내 눈빛이 경이감으로 바뀐 건. 축적된 개척 정신력. 어쩌면 내가 지닌 시골의 환상은 거기서부터 싹텄던 듯싶다. "낭만은 무슨. 시골 힘들어요." 손사래를 치면서도 계속 시골에서 사는 그들. 여기저기 기웃기웃해 보는 건, 조금이나마 닮고 싶은 마음이 있어서였다.

코로나 시국 내내 3년을 지방 광역시에 살다 예천군으로 오게 된 것 역시 다시 그 '생존력'을 조우하고 싶어서였을 지도 모르겠다. 물론 여기에는 전제 조건이 있다. 바로 발품을 파는 것. 시골은 돌아다녀야 안다. 그래야 보인다.

어느 날, 잘 돌아다니는 유전자 비슷한 이웃이 귀띔했다. "언니, 진짜 신기한 곳이 있어요. 신라식물원이요." 처음에는 경주에 있나 보다 했다. 예천이란다. 내친김에 같이 가자 했다.

안으로 들어서자, '이건 또 뭐지' 싶은 장면이 눈앞에 펼쳐졌다. 닭들이 뛰어다니고 공작비둘기가 날아다니고, 그들을 호령하는 아이 손님. 살짝 적응이 필요하지만, 금방 이런 낙원도 있구나 싶은 곳.

〈나는 자연인이다〉 혹은 〈세상에 이런 일이〉 프로그램에 당장 제보해야 할 것 같은 느낌적인 느낌. 알고 보니 각종 매체에서 또 많이 왔단다.

그러나 뭐든, 직접 들어야 제맛.
테라스 벤치에 앉아 주인 부부(김상국, 김현주)가 살아온 인생 이야기를 짧게나마 들었다.

부부는 결혼 후 두 갈래에 놓였단다.

"전셋집 아파트에서 사느냐" vs. "깊숙이 있지만 아무것도 없는 땅을 사서 그곳에서 사느냐" 이들은 후자를 택했다. 쑥과 잡초 외에는 아무것도 없는 막막한 곳이었으리라. 비판을 나열하는 이들이 분명 있었을 터.

사진을 비롯해, 여러 취미가 있던 남자 사장님은 우선순위를 가정으로 바꿨다고 한다. 생존, 먹고살기 위한 행동을 옮긴다.

"외출할 때 트럭에 뭐라도 하나 싣고 오자는 마음으로 집을 나섰어요."

가정은 사장님을 움직이게 하는 연료가 되었다. 남이 버린 쓰레기도 보물로 보였다. 골동품도 사 모았다. 그렇게 매만지고 어루만지고 닦아 공간을 만들었단다. 당연히 집도 직접 지었다.

여기에는 아내 김현주 씨의 지지도 한몫했다.

"뭐, 해 보라는 거죠. 하고 싶은 대로."

장승에 관심을 갖기 시작한 김상국 씨는 장승 깎기에 몰입해 장인의 경지에 이르렀다. 굵직한 대회에도 초대받아 자신의 장승 작품을 출품하여 전시하기도 했다.

처음에는 조경을 주로 했으나, 점차 식물원이 괜찮다는 소문이 돌기 시작했다. 부부는 유아 체험학습의 선구자이기도 하다. (2007년에는 농촌교육농장에선정, 2016년도에는 예천군 교육지원청으로부터 학생들의 진로 직업체험 장소로 인증을 받았다. 계속해서 여러 체험을 진행하고 있다.)

이들에게 있어 '집'은 어찌 보면 일(카페와 체험학습)과 경계가 흐릿하다. 현란한 기교를 배제해 힘을 들이지 않은 듯하면서도 세심함이 엿보이는 공간의 연속. 지금도 주기적으로 구조를 바꾼다. 확실한 건, 부와 과시, 욕망을 드러내는 획일화된 돈으로서의 집과는 거리가 있다는 점이다. 그러나 결코 남루하지 않다.

"비가 많이 온다고 하니, 후추(키우는 돼지 이름) 집을 고쳐 줬어요. 어젯밤에 한 거예요." 사장님은 방문 전날, 뚝딱 처마를 만들었단다.

듣고 있다 보니, 마케팅 혁명가 세스 고딘의 말이 맴돌았다. 그는 말했다.

"우리 모두 날 때부터 아티스트의 자질을 갖추고 있다. 지시만을 기다리는 긴 줄에서 빠져나와 진정한 아티스트의 삶을 시작하자."

어느 누구도 안 한 일을 부부는 해냈다. 창조해 냈다.

'자식은 부모의 거울'이라더니, 아들 이야기를 들으니 역시 남달라 보였다. 도예를 전공한 아들은 셰프에서 영상 편집 쪽으로 전향해 일을 하고 있단다. (식물원에서 결혼식을 올린 아들 부부는 '나는식물원에살고있다'라는 유튜브를 운영하고 있다. 구독자 20만 명을 바라보고 있다.)

"우린 뭐 완전 다 자급자족이에요."

"그래도 우리가 줄 수 있는 건 줘야죠. 스투키 선물로 줄게요. 아침에 직접 만든 거예요."

부부의 흘러가는 '말'은 유추해 보고 싶은 지점이 많았다. 부부는 30여 년의 세월을 결코 숙제로 맞닥뜨리지 않았다. 허비의 생이 아니었다. 자신들이 좋아하는 것을 알아차리고 터득해 가는 시간이었다. 그러다 보니 부부의 '눈빛' 속에서도 두려움이 엿보이지 않았다. 개방적이고 낙천적인 자세, 앞으로 살아갈 생이 오히려 도리어 기대되는 눈치였다.

비하인드
그날 저녁, 초보 농부가 되었다는 사회적기업 대표 지인과 통화를 했다. 식물원 사진을 보내니, 자신이 꿈꾸는 노후와 맞닿아 있다며 예천에 놀러 온다고 난리였다. 반대로 나는 어떤 삶을 살고 싶은지, 작지만 소중한 질문을 해 보는 시간이었다.

☞ 신라식물원
주소: 경북 예천군 감천면 충효로 1752

가게가 놀이터,
제자리를 지키고 살아가는 힘

뭔가 잘 만들어 내는 사람을 '금손'이라 부른다. 그렇다면 그 반대는? 우스개로 '똥손'이라 일컫는다. 뭐든 망친다는 걸 뜻한다. 내 얘기다. 손으로 하는 건 어설프다. 진즉부터 주제를 알았다. 덕분에 외주 제작의 힘을 많이 받았다. 특히 핸드메이드 제품. 최근 아이가 야구에 흠뻑 빠져, 야구 와펜(옷이나 모자에 붙이는 찍찍이 형태의 장식)을 사 줬다. 티셔츠에 붙일 셈이었다. 당연히 타인의 손의 힘을 빌려서. 순간 '거기 가야겠다'라는 생각이 뇌리를 스쳤다. '거기'라는 지시 대명사. 바로 '태극기 깃발이 걸린 곳'이었다. 이른 아침, 예천 읍내에 나가면 언제나 문을 열고 있던 곳. 깃발을 당당하게 달아 둔 저긴 대체 뭘까 하고 호기심을 불러일으켰던 곳. 상호명은 '서울국기사'다.

쭈뼛쭈뼛 와펜을 들고 갔다. 흔쾌히 가능하단다. 내친김에 야구팀 로고도 새겨 줄 것을 부탁했다. 볼일을 보고 완성품을 찾았다. 놀라움을 금치 못했다. 장인의 손길임을 알아봤다. 한 치의 오차도 안 보였다. 주인장 나이를 알고선 더 기함했다. "1943년생이에요. 허허." 여든이 넘은 나이가 무색할 정도로 여전히 현역이었다. 위대한 사람은 오히려 위인전 책이 아닌 주변에 있다더니…. 그에게 물었다. "어예 살아오셨니껴?" 오랜 시간 망설이던 그가 인터뷰를 승낙했다.

"토박이요? 아니에요. 사는 곳이요? 당연히 예천에 살죠." 어쩌다 경북 예천에 오게 된 것일까. 하나씩 들어 보기로 했다. '서울국기사'의 주인장 이름은 박규연.

박규연 씨의 고향은 경상북도 상주였다. 사 형제 중 둘째 아들로 태어났다. 군대를 갔다 오니 나이가 스물일곱이었다는 박 씨. 진로에 앞서 갈림길에 서게 됐단다. 한의사였던 아버지가 뇌출혈로 편찮으셨던 것. 내향적이면서도 차분한 그에게 모두 다 '선생님'이라는 직업을 권했지만, 생업에 뛰어드는 게 우선이었다. 그는 "안 가본 길에 대한 아쉬움도 있다"라며 잠시 허공에 시선을 멈췄다. 연고지가 없는 예천서 가게를 연 건 단순한 이유에서였다. "예천에 휘장 가게가 없었어요. 자리 잡을 수 있을 것 같았죠."

박 씨는 1979년, 예천읍 노하리 인근에 가게를 열었다(지금의 파라다이스 호텔 자리 인근). 그의 나이 30대 중반의 나이였다. 그 후 현재까지 기·휘장 전문 명찰 등을 전문적으로 취급하고 있다(지금 자리로 이사 온 지는 6년이 되었다).

박 씨는 크게 두 가지 분야에서 능통하다. 하나는 미싱을 활용한 명찰 제작, 다른 하나는 실크 인쇄법으로 만드는 깃발이다. 당시 깃발 명찰 분야는 호황기였다. 박 씨는 가게 초창기에는 교련 옷과 장비만 취급했다. 그럼에도 미싱도 한 대 갖다 놓았다. 독학으로 미싱을 익혀 보겠다는 포부가 있었기 때문이다.

"아무래도 예천이 시골이라 그때만 해도 텃세가 있었어요. 돈(단가)의 문제가 아니라 인맥에 의해 모든 게 형성이 되다 보니 사업하기가 어려웠어요. 기술로 극복해야겠다고 다짐했어요. 생존이나 다름없었죠. 말도 마요. 바늘에 찔리기도 일쑤였죠. 1년 가까이 노력한 끝에 그나마 상품 가치가 있는 걸 만들게 되더군요. 그때부터 이제 명찰도 만든 거죠."

연마의 효과는 나타났다. 노력은 배신하지 않았다. 호황기도 단연 있었다. 장사진을 이루기도 했다.

"예전에는 사람이 많았어요. 예천군에서도 이런저런 행사도 참 많았죠. 체육대회 한 번 하면 새벽에 퇴근했어요. 각 면마다 연맹기를 손수 만들어 줘야 하니까요. 작업 책상 위에 아이들 교복과 체육복이 쌓여 남는 공간조차 없었죠. 초등학교에도 관악부가 다 있어서 모이고 그랬어요. 소 경품 대회도 했는데, 소 등허리에 덮어 주는 가운도 제가 만들었죠." 박 씨는 옛 추억을 회상하니 기분이 좋다며 웃어 보였다.

내친김에 실크 인쇄 시연도 부탁했다. '경북'이라는 영어 이름이 새겨진 나무판자에 검정 잉크를 묻히니, 깔끔한 작품이 탄생되었다.

가장 기억에 남았던 '일감'은 무엇일까. 생각에 잠기던 박 씨는 "예천여고 지나가는 다리가 있는데 교명과 다리명 현판을 직접 했다. 아무래도 깃발을 만들다 보니 절로 애국자가 된다"라고 말했다.

박 씨는 사회활동에도 열심이었다. 지난 1999년에는 예천라이온스클럽 27대 회장을 지냈다. 지역을 위한 봉사활동에 힘을 쏟았던 시절이다. "상리면 고항리라고 있어요. 아이 하나를 산골짜기에서 키우는 분이 있었어요. 그 아이를 집중적으로 도와줬어요. 회원들과 함께 동남아, 미국, 캐나다, 라오스 등 여러 곳을 여행 다니기도 했어요. 생각해 보니 그래도 재미있게 살았네요."

박 씨의 오랜 취미는 사실 따로 있다. 다름 아닌 '수석'이다. 친구 따라 입문한 지 30년이 지났다. 문경, 괴산, 제천, 단양 구석구석 안 가 본 데가 없다. 예천에는 효자면에서 좋은 돌을 많이 채취했다.

"예천 특색 돌이 있어요. 석중석이라고 해서, 돌에 돌이 박힌 거죠. 이게 예천밖에 안 나와요. 지형이 신기합니다." 수석 관련 잡지를 보여 주던 박 씨는 '취미가 없으면 무의미해진다'는 지론을 펼쳤다.

인터뷰 말미, 다시 가게 이야기로 돌아왔다. 과거에서 현실로 회귀해야 했다. 세월은 빠르다. 때로는 야속하다. 미래는 한 치 앞을 헤아릴 수 없다. 예천의 인구는 줄었다. 아이들도 마찬가지다. 명찰 수요도 줄었을 터.

박 씨는 "가게를 떠나는 게 여간 쉽지 않다"라면서 "잠시 문을 닫아 보기도 했지만, 도리어 공황 증세가 왔다. 딱 3년만 더 해 보겠다는 마음으로 현재 자리를 지키고 있다"라고 털어놓았다.

"가게가 제 친구예요. 수석도 보면서 관찰하고, TV도 보고, 그러다가 손님도 오고…. 예를 들어 태권도 도복에 띠에 이름을 새긴다든지, 외국에 나가는 일을 하는 분들이 깃발 제작을 맡긴다든지 등의 일감이 있죠. 어디 가지도 말고 이 자리를 지켜 달라, 문 닫으면 안 된다는 손님도 있어요. 심심찮게 손님이 오니까, 놀이터인 거죠. 일주일에 하루 정도 쉽니다. (웃음)"

박 씨는 A4 용지를 보여 줬다. 대창고와 예천여고 등 4군데 학교의 학년별 명찰색을 기재해 둔 종이였다.

한참 인터뷰 중 박 씨의 아내가 왔다. "이 분야에서는 (남편이) 예천서 최고"라며 거들었다. 서울 출신인 박 씨의 처는 "예천이 이제 제2의 고향이다. 아들 하나 낳고 그래도 잘 살았다"라고 덧붙였다. 현재 박 씨는 생천리에 집을 짓고 살고 있다.

그에게 물었다. '살아온 세월에 점수를 매긴다면요?' 다소 어려운 질문을 던졌다. 돌아오는 답은 60점. 후할 법한데 너무 박했다. "그냥 저는 근면 성실을 실천하면서 살아왔을 뿐입니다. 제 건강 비결인 소식을 지키면서 잔잔하게 평범하게 살아가고 싶습니다." 건강이 허락하는 한 최대한 가게를 지키면서 손님들을 맞이하는 것이 박 씨의 꿈이었다.

그럴듯한 직함이 멋있어 보이는 시절이 있었다. 앞으로 나아가는 것만이 발전하는 것이라고 당연한 것이라고 믿던 때가 있었다. 이제는 묵묵하게 제자리를 지켜 내는 이들이 눈에 들어온다. 세상의 유혹과 고통을 이겨 내고 뿌리를 내린다는 것. 그것이 얼마나 어려운 일인지. 조심스럽게 100점이라고 알려 드리고 싶었다.

☞ **서울국기사**
주소: 경북 예천군 예천읍 효자로 96-1

"한평생 서예와 사랑에 빠져 살았죠"

낮 기온이 34도를 웃돌던 7월의 여름, 예천읍의 한 주택가 3층에는 묵향이 났다. 간간이 불어오는 바람에 이따금 커튼으로 탈바꿈한 화선지가 흔들렸다. 비스듬한 벽 아래 놓인 책상 위에는 '문방사우'가 갖춰져 있었다. 붓·먹·종이·벼루는 물론이고 LP 턴테이블이 놓여 있어 아날로그 특유의 분위기가 풍겼다. "여성이 소설을 쓰기 위해서는 돈과 자기만의 방이 필요하다"라고 버지니아 울프가 말했던가. 송하 김영순 씨가 입을 열었다.

"아유, 특별히 볼 건 없어요. 어설프다 하지 마요. (웃음) 그래도 제가 이 작업 공간이 있어서 살 수 있었어요. 제가 가르친 엄마들이 지금 다 이렇게 (작업실을 만들고) 살아요. 애들 다 키웠으니까 자식방을 서예방으로 만든 거죠. 이곳에서 붓을 들고 있으면 시간 가는 줄 몰라요. 이 LP 앨범은 제가 서예학원을 열고 첫 달에 산 거예요. 예천 '가오실 오경(佳五室 五景)'을 노래한 시비를 가장 최근에 썼어요. 여기 가보셨어요? 가오실 공원. 좋아요." 영락없는 예천 토박이의 모습이었다.

한 개인의 생을 파고드는 건 쉽지 않다. 그러나 분명 의미 있는 일이다. 스쳐 지나가는 이웃이 알고 보면 평범하고도 위대한 이였다는 걸 알게 된다.

서예와 평생 사랑에 빠진 김영순 씨는 넉 달 전 손을 무리했다. 개포면에서 벽화를 그린 후 통증이 악화돼 병원에 갔다, 염증이 생겼단 걸 알게 됐다. 하염없이 붓을 놓고 있었더니, 흘러가는 세월이 아쉬웠단다. 회고록, 개인 전시회…. 잊고 있던 꿈이 스멀스멀 턱 끝까지 올라오던 차였단다. 그 타이밍에 필자와 연이 닿은 것이다. 하나씩 하나씩, 들어 보기로 했다.

"서예 입문기요? 그럼 우리 부모님 이야기를 안 할 수가 없어요."

70여 년 전으로 거슬러 올라간다. 김 씨는 예천에서 태어났다. 예천군 예천읍 고평리 쪽에서 자랐다. "산 밑에 외딴 집에서 살았어요. 일제강점기 시절 징용을 다녀온 아버지는 당시로선 나이 28살 늦깎이 결혼을 했어요. 딸 넷을 낳았죠. 아버지는 고문 후유증이 있으셔서 사회생활이 어려우셨어요. 학문을 좋아하셨던 아버지께서 어느 날 말씀하셨어요. 사전 찾는 법을 배워야 한다고요. 기억나요, 지금도. 밤이었는데, 엄마는 바느질하고, 아버지는 새끼를 꼬고 우리는 공부를 했어요."

김 씨는 예천국민학교에 다녔다. 그 시절에는 4학년 때부터 서예 수업을 들어야 했다. 그 시간이 참 평온했다. 6학년 때는 천자문 10번 쓰기 숙제를 기어이 해냈다고 회상했다. 신문지를 실로 꿰매 고정해 제출할 정도로 열정이 넘쳤다. 10대와 20대가 지나갔다. 30대 초반, 예천을 떠나 부산에 가게 됐다. 숙모의 아이를 봐 주기 위해서였다. 그곳에서 서예학원을 등록했다. "기분이 진짜 끝내줬어요." 다시 붓을 잡은 후 든 심경이었단다.

1984년, 서른일곱. 다시 돌아온 예천에서 김 씨는 학원을 차렸다. 학원 상호는 '예천서예학원'(구 일문당 3층 자리). "친정아버지께서 돌아가신 직후 학원을 차렸어요. 아버지께서 '잘되어야 할 텐데'라며 응원의 말을 하셨죠. 그땐 예천에도 사람이 참 많았던 시기였어요. 아이들도 많고. 대한검정회 예천지회장도 맡고 해서 호응도 좋았죠."

무엇보다도 김 씨는 '학인'들에게 도리어 배우는 게 많았단다. 김 씨는 초록색과 검은색 팸플릿 책자를 보여 주며 한 명 한 명의 근황을 알려 줬다. (학원에서 1988년과 1991년 열었던 전시 책자였다.)

"옛 제자를 거리에서 마주칠 때가 더러 있어요. 벌써 성인이 되어 결혼을 다 한 거죠. 서예학원을 다닌 게 살아가는 데 보탬이 되었다고 말하더군요. 뿌듯했죠. 3년 이상 다녔던 아이들은 다 알죠. 기억하죠. 아이들과 버스를 타고 전시회를 보러 가기도 하고 소풍도 다녔었죠."

아이들 틈에서 서예를 가르치던 젊은 날의 김영순 씨는 결혼에 관심이 없었단다. 자신이 장녀라 부모님을 모시고 싶었단다. 결혼을 하면 돌봄이 여의치 않을 것 같았기에 확고했단다. "어머니께서 병원에 입원할 일이 있었어요. 홀로 자게 되었는데 그렇게 외롭고 무섭더라고요. 중간에 눈을 뜨면, 무서워서 잠을 못 잤어요. 그리고 제가 결혼을 안 하니까 부모에게 오히려 짐이 되는 것 같더라니까요. 안 되겠다 싶었죠. 소개를 받아야겠더군요." 그렇게 마흔셋의 나이에 김 씨는 결혼을 하게 되었다. 남편은 읍내에서 양조장을 운영했다.

갑작스럽게 일상이 변했던 김 씨는 적응에 꽤나 애를 먹었다. 일과 가정을 함께 지키는 건 예나 지금이나 쉬운 일이 아니다. 많이 울기도 했단다. 집에 돌아와 저녁을 먹고 설거지를 하고 나면, 밤 11시가 되기 일쑤였다고. 그렇다고 해서 서예를 접는 건 있을 수 없는 일이었다.

"학원과 이 집 안의 작업 공간이 어떻게 보면 제가 숨 쉴 수 있게 해 주는 숨구멍이었어요. 또 제가 학원만 하는 것이 아니라 계속 배우러 다녔어요. 저도 연마해야 하니까요. 서예의 대가 초정 권창륜 선생님께는 예서를 배우기도 했죠. 서예가 한번 시작하면 끝이 없어요. 이런저런 상도 받았지요. 저는 초서와 예서를 좋아합니다."

세월이 흐름에 따라 변하는 게 모든 인생의 순리이기도 하다. 사교육의 틈새에서 서예학원은 인기가 시들해졌다. 김 씨는 고민 끝에 학원을 접고, 친구의 제안으로 방과 후 서예 선생님을 하게 된다.

"지보초등학교, 남부초등학교, 동부초등학교 여러 곳에서 아이들을 가르쳤어요. 서예가 인내력을 기르고 집중력을 키우는 데 그만이잖아요. 정말 서예와 육아는 닮았어요. 한 획 한 획을 잡아서 알려 주니까요. 저는 아이들에게 '인사하기', '욕 안 하기', '지는 게 이기는 것' 이 3가지 인성교육을 바탕으로 서예를 가르쳤어요."

어떻게 보면, 서예와 김 씨의 인생은 닮았다. 배우고 익혀 안으로부터 깨닫는 논어의 '학이 시습(學而時習)'을 추구하려 한 것. 그 길은 멀지라도….

"세상에 물들지 않고 나를 지키려고 많이 노력했어요. 생각해 보니 제 인생의 화양연화(花樣年華)는 65세 정도였네요. 아이들도 결혼을 다 하고 집 걱정, 학원 걱정도 별다른 게 없이 편안할 때였어요."

최근 3년은 또다시 김 씨에게 만만찮은 시기였다. 코로나와 함께 방과 후는 갈 수 없었고, 남편마저 후두암에 걸린 것이었다. 다행히 초기에 발견되어 치료를 했지만, 올해부터 김 씨의 몸이 성치 않다. '질병'이라는 낯선 타자가 침입한 것이다.

"서울을 오고 가며 남편을 보살폈죠. 다 나았어요, 이제. 그랬더

니 제가 작년 10월 1일에 코로나에 걸렸네요. 넉 달 전에는 개포
면에 벽화를 그리려고 갔다가 팔을 무리했어요. 알고 보니 염증이
있더래요. 그래서 제가 지금 붓을 놓고 있어요. 언제까지 이럴지
모르겠어요. 개인전도 열고 싶은데, 가능할지…. 요즘에는 병원에
가고 한의원에 가는 일상의 연속이에요. 그래도 예천이 참 좋아요.
뒤로는 흑응산이 있고 한천도 있죠. 뭐 하고도 바꿀 수 없는 환경
이에요. 한천만 나가도 숨이 탁 트여요."

건강에 앞서 붓을 제대로 잡을 수 있을까 염려하는 마음이 안쓰
러웠다. 자매들은 아침마다 카카오톡으로 서로의 안부를 살뜰히
챙긴다. 김 씨 본인과 막냇동생이 예천(용궁면)에 살고, 둘째와 셋
째는 서울에 있다.

다치바나 다카시는 《자기 역사를 쓴다는 것》에서 말한다. "자기
역사를 쓸 때마다 자신의 생각이 변화한다. 자기 역사는 마성을 가
진 요물이다." 김 씨의 77년 기억 여행은 엉켜 있는 실타래를 푸는
것과 비슷했다. '보존'과 '변형'을 완벽하게 분별하기엔 쉽지 않았지
만, 주체가 기억하는 바를 존중해야 했다. 그런 기억을 붙잡고 함
께 걸어가야 했다. 흐릿한 길을 묵묵하게….

김 씨에게는 헤밍웨이의 《노인과 바다》의 늙은 어부 산티아고가
겹쳐 보였다. 84일 동안 물고기를 잡지 못하다가 85일째 되는 날
드디어 큰 청새치를 낚은 기쁨. 손이 회복되어 다시 기쁨을 회복하

길 마음속으로 응원할 수밖에 없었다.

"지금까지 그러했던 것처럼 앞으로의 삶 역시 붓 잡고 살고 싶어요."

모녀(母女) 작가를 키운 8할은 칼국수

"점심때면 '맛나당'에 수많은 손님과 더불어 그들이 몰고 온 이야기가 밀물처럼 들어왔다 썰물처럼 빠져나갔다. (중략) 그곳에서 나는 여러 계층과 계급, 세대를 아우르는 인간 군상과 공평한 허기를 봤다. 요리가 미덕이고 의무이기 전에 노동인 걸 배웠고, 동시에 경제권을 쥔 여자의 자신만만함이랄까 삶이 제 것이라 느끼는 사람의 얼굴이 긍지로 빛나는 것 또한 봤다."

《**잊기 좋은 이름**》(김애란, 열림원, p. 10)

소설가 김애란의 산문집 《잊기 좋은 이름》에는 칼국숫집 이야기가 나온다. 김애란의 어머니는 20여 년간 손칼국수를 만들어 팔면서 세 딸을 키웠다. 작가는 자신에게 가장 큰 영향을 미친 공간으로 '맛나당'을 꼽는다. 오죽하면 가게에서 보고 느낀 모든 것들이 공기처럼 스몄다고 말한다. 자신을 키운 칼국숫집, 작가의 맛나당의 이야기는 꽤나 인상적이었다.

운명처럼 나는 예천판 '맛나당'을 발견했다. 지금도 기억한다. 지난해 12월 31일. 한 해의 마지막 날, 못내 아쉬워 읍내 커피숍에 간 날이었다. 홀짝 커피를 마시다 말고 비치된 책을 집어 들었다. 첫 장을 넘겼다. 저자 소개에 나온 한 줄, "예천에서 칼국수 가게를 한다." 호기심이 발동했다. 아르바이트생에게 물었다. 혹시 여기

어딘지 아냐고. 역시 알고 있다고 했다. (시골은 워낙 좁은 사회인지라…) "아, 감천 칼국수예요." 우연을 가장한 맛집을 알게 된 날이었다.

그 후 방문한 가게. 한천 인근에 위치하고 있었다. 바글바글한 손님들 사이에서 '후루룩' 허기를 달래고 왔다. 알고 보니 주인장 모녀(母女)가 작가였다. 가게 안에는 엄마와 딸이 쓴 책이 인테리어를 대신하고 있었다. 지면에 싣는 기회를 잡아 방문, 궁금했던 바를 A부터 Z까지 묻고 왔다.

예천 토박이 부부는 결혼 후 D 프랜차이즈 치킨집을 운영했다. 눈에 넣어도 아프지 않을 만큼 귀한 세 아이도 낳았다. 참 열심히 살았다. 쏜살같이 10년의 세월이 흘렀다. 당시 평균 월수입 천만 원을 벌었다. 땅도 사고 아파트도 구입했다. 신기하게도 행복이 뒤따라오지 않았다. 기름 냄새는 여전히 적응되지 않았다. 겨울철 오토바이 배달을 하던 남편은 사고를 당했다. 감천칼국수 사장 정미숙 씨는 생각에 잠겼다. 무엇이 문제인가 하고…. 변화가 필요했다. 갈급함에 책을 미친 듯이 읽었다.

가게를 내놓았다. 여러 상황이 겹쳐 이내 마음을 고쳐먹었다. 같은 장소에서 다시 해 보기로. 이번에는 달랐다. 업종 변경. 노(NO) 프랜차이즈. 남녀노소 나이 불문하고 먹을 수 있는 칼국수를 최종 선택했다. 발품을 팔아 돈 주고 직접 배웠다. 상호는 감천칼국수.

2019년 초여름이었다.

"아이 아빠 고향이 감천면이에요. 저는 예천읍이고요. 감천칼국수는 없으니까 감천으로 간 거죠. (웃음) 저희 메뉴 중에 '할미성 만두'라고 있어요. 옛날에 어느 풍수가가 감천면을 지나다가 지형이 할머니가 손자를 안고 있는 모양이라고 했다네요."

치킨집을 하며 내내 붙어 있던 남편 대신 큰딸이 돕고 나섰다. 딸은 다니던 어린이집도 그만두고 합세했다. 때마침 운도 좋았다. 예천군이 10년 이상 운영 가게에 인테리어 비용을 일부 지원하겠다고 한 것. 자격 요건이 맞아 가게를 예쁘게 꾸밀 수 있었다. 열정에 불타오르던 모녀는 예상치 못한 난관을 마주했다.

"그해 겨울, 코로나19 바이러스가 발발했죠. 사람이 정말 안 다니더라고요. 어르신들은 무서우니 밖에 나오시질 않았어요. 그런데요. 신기하게도 오히려 좋았어요. 기회다 싶었죠."

독서를 좋아하던 모녀는 이때다 싶어 책을 썼다. 손님이 없는 가게가 작업실이 된 것이다. 책을 읽다 보니 긍정적으로 사고가 바뀌고, 읽기에서 쓰기로 자연스럽게 넘어갔다는 게 정미숙 씨의 독서 간증(?)이었다. 그렇게 정미숙 씨는 《성장하는 오십은 늙지 않는다》를 비롯한 책 3권을 썼다. 딸 남영화 씨 역시 《삶의 근육을 키우는 하루 한 권 독서의 힘》 등 2권을 펴냈다.

코로나가 잠잠해진 후 가게는 다시 활기를 회복했다. 정미숙 씨가 꼽는 감천 칼국수의 첫 번째 자랑은 '김치'다. 김치 한 조각만으로도 대개 주인장의 음식 솜씨를 알 수 있는 법. 감천칼국수는 남해에서 공수한 상태 좋은 배추(저장 배추 아님)로 매일 직접 버무린다. 보통맛과 매운맛, 두 종류로 준비해 둔다. 취향에 맞게 먹으면 된다. 다른 반찬은 단무지 외에는 없다. 반찬 가짓수를 간소하게 하는 대신 주메뉴에 더욱 신경 쓴다는 의지이기도 하다.

두 번째는 '재료 관리'다. 국물 육수는 주로 닭을 사용한다. "과거 닭 육수는 궁중요리에서 썼어요. 이틀에 한 마리씩 넣어 뽀얗게 우려냅니다." 멸치칼국수에 들어가는 멸치의 경우 안동 수산물 시장에서 중멸치로 골라와 볶는다. 고소하고 비린내가 안 난단다. 파를 비롯한 야채는 그때그때마다 읍내에서 구입한다. 신선도를 위해서란다. "비싸더라도 식재료에 야박하게 안 굴고 싶어요. 얼마 전에 대전에서 오신 손님이 기억나요. 일 년 전쯤 먹고 계속 기억하다가 또 먹고 싶어 왔는데, 가게를 못 찾아서 한 시간을 헤맨 후 왔다고 하시더라고요. 그럴 때 정말 뿌듯하죠."

마지막으로 눈여겨볼 것은 사장님의 '태도'였다. 현재 큰딸 남영화 씨는 출산 후 가게 일을 쉬고 있다. "함께 일하는 직원들이 실수해도 절대 손님 있을 때 뭐라고 안 합니다. 손님들이 먹다가 체할 수 있어요. 정말 중요합니다. 모든 것을 매뉴얼화하면 음식 맛도 통일된답니다."

정미숙 씨는 바쁜 점심 장사를 보낸 후 오후 2시 정도 한가해진다. 그럼 다시 주인장에서 작가로서의 정체성으로 전환한다. 책을 펴고, 메모를 하고, 글을 쓴다. 책을 쓰다 보면, 가게 아이디어도 샘솟는다고.

"'냉칼국수'는 제가 연구 끝에 개발했어요. 여름이라 시원해서 인기가 많죠. 저는 제 가게가 참 좋아요. 햇빛도 잘 들고, 시간이 나면 한천 공원(도효자마당)도 걸을 수 있고요. 어떻게 보면 가게 일을 하면서 저 역시 성장할 수 있었어요. 세 아이 역시 일을 도우면서 돈의 소중함도 알고 있지요. 그래서 앞으로 가게를 지키면서 책도 계속 쓸 거예요. 행복과 돈에 대한 주제를 다루고 싶어요."

☞ **감천칼국수**
주소: 경북 예천군 예천읍 한천길 11

폐교 카페서 날마다 행복 빚는 부부

아침 7시에 일어나면 카페로 출근한다. 시간이 남을 때마다 40평 남짓한 텃밭에 나간다. 점심에는 키운 작물로 요리를 한다. 속이 부대끼지 않다. 사계절의 흐름에 따라 움직임도 달라진다. 모과나무 열매가 열리면, 수확해 모과청을 담는다. 하얀 목화꽃이 피면 아기 손님들에게 푹신한 부분을 만져 보라고 권한다. 밤이면 쏟아지는 별을 넋 놓고 바라본다. 보성국민학교 카페 사장 엄경자 씨의 일상의 단면이다. 남편 이용 씨도 마찬가지다. 그는 4,800평대 잡초 관리를 맡고 있다.

부부의 카페 〈보성국민학교 카페〉는 예천군 보문면 미호길 55에 자리하고 있다. 더 정확히는 폐교한 학교 부지 1층에 있다. 처음 오는 사람들은 묘한 공간에 진입한 듯, 두리번거린다. 졸업생들은 자신의 모교에 와서 추억을 회상한다. 종종 카페 입구 옆 초록 칠판을 살펴보면 이런 글도 있다. "엄마가 나온 학교 딸도 다녀감." 이쯤 되면, 카페를 둘러싼 부부의 이야기가 턱끝까지 궁금해진다. 어예 살아오셨니껴.

"다시 예천에 돌아오니까 '껴'라는 사투리가 얼마나 좋던지요. 정겹고요. 저도 장날 읍내에 나가면 일부러라도 '~니더', '~껴'라는 말을 한 번씩 쓰게 됩니다." '다시'라는 말에 쫑긋했다. 부부의 고향은 예천. 오랜 세월 서울서 살다가 인생 후반전, 다시 돌아왔단다.

남편 이융 씨가 입을 열었다. "저는 가평 이씨 집성촌인 개포면에서 나고 자랐어요. 베틀로 무명 짰던 풍경, 소년 한국일보를 읽으며 재미있게 보낸 유년 시절의 기억들이 남아 있어요. 이 사람은 그 옆 동네 유천면 출신이고요."

"저는 중평 저수지 인근에서 살았어요. 저 어릴 적에는 아이들이 많았지요. 한 반에 일흔 명이 넘었으니까요. 오디 따고, 냉이 캐고, 냇가에서 세수하고 뛰어놀았지요." 아내 엄경자 씨가 웃으며 회상했다.

본래 연애 이야기는 흥미로운 법. 20대 초반, 엄 씨는 개포면에 친한 친구를 만나러 갔다 이융 씨를 알게 된다. "첫눈에 반했지요. 그땐 집사람 머리가 길어서 청순했어요. (웃음)" 이들은 2년 반의 연애 끝에 결혼에 골인했다. 이후 서울에서 치열하게 살았다.

이융 씨는 예천16전투비행단에서 학사장교로 임관해 복무, 1982년 제대를 했다. 이후에는 대우증권사에서 40여 년간 근무를 했다. "평생 남의 돈 관리를 하면서 숫자놀음을 한 셈이지요. 적성에 맞았어요. IMF도 있었고 나름의 고비도 있었죠. 이제 와서 돌아보니, 옆에서 군소리 않고 있던 아내의 역할이 컸어요. 사실

이 사람도 정말 바빴거든요."

그 '바쁜 일'이란 바로 엄 씨의 작업을 뜻한다. 엄경자 씨는 손재주가 많다. 특히 자수, 퀼트 분야는 수준급이다. 오랫동안 수업도 진행했다. 엄 씨의 작품은 카페 내에도 가득하다.

"사실 서울살이에 특별히 불만은 없었어요. 아니, 오히려 서울에 이런 곳이 있을까 싶었죠. '엎어지면 코 닿을 곳'에 있는 집 앞 '문화센터'는 반평생의 아지트였어요. 서울서 운영하던 1층 카페는 학인들의 아지트이기도 했어요. 장성한 두 아이들과 손주를 보는 재미도 행복 중 하나였죠."

부부가 다시 예천으로 온 건 우연이자 운명이었다. 어느 날, 이웅 씨의 지인이 정보를 줬다. 경북 예천 보문면에 있는 폐교가 임대로 나왔다고. "딱 봤는데, 너무 좋은 거예요!" 구경 삼아 보러 왔다가 사랑에 빠진 순간이었다. 운명 같은 조우. 그렇게 부부는 모든 것을 던져 버리고 서울서 예천으로 왔다. 2021년의 일이었다. 열에 아홉은 반대했지만, 부부는 도리어 삶의 만족도가 올라갔단다. 건강도 좋아졌다고.

"카페가 쉬는 날(목요일)에는 문경·안동·영주 인근 맛집을 다니기도 하고 여유를 부려 봅니다." 엄 씨의 말에 이 씨는 보탠다. "부모님 산소도 가기도 하고 예천 근처에 갈 곳도 많습니다. 양궁장,

한맥 CC, 공군부대 골프장도 그렇고요. 고향이 주는 힘이 이렇게 컸구나 느꼈습니다."

어쩌면 제일 어려운 질문일 수도 있다. 살아온 세월에 점수를 매긴다는 건. 이용 씨는 '균형감각'이란 단어를 꼽았다. "저에게 80점 이상을 주고 싶어요. 그래도 자존심 지키면서 당당하게 살아왔어요. 이제는 노동이건 놀이건 무리하지 않는 선에서 즐기는 범위까지만 하고 싶어요. 균형을 잃지 않으면서요."

아내 엄경자 씨는 이제 시작이다. "저는 70점? 조금 더 여기 생활이 자리 잡으면, 전통주 담그기나 천연 염색 등 재능기부를 해보고 싶어요. 하고 싶은 것들이 많습니다."

부부는 시종일관 흔들림 없이 평온했다. 단단함이 엿보였다. '아무것도 하지 않으면, 아무 일도 일어나지 않는다'고 했던가? 필자의 세상 렌즈를 닦아 보는 햇살 좋은 오후였다.

☞ **보성초등학교 카페**
주소: 경북 예천군 보문면 미호길 55

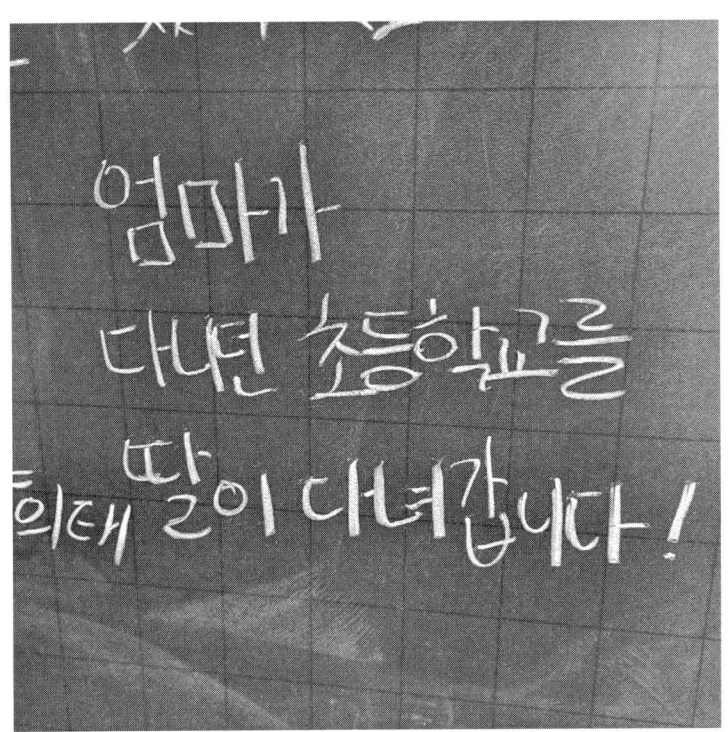

'또또또간집' 공개! 아라비카, 카페 아닙니다

유행의 시대다. 흐를 유와 다닐 행의 조합, 流行. 먹거리는 유행을 많이 탄다. 탕후루와 마라탕, 두바이 초콜릿, 요아정…. 이 글을 쓰는 시점에는 스웨덴캔디가 열풍이다. 단어도 변모한다. 한동안 '맛집'이 휩쓸었다면 최근에는 '또또또간집'이 우세하다. 이름 그대로 몇 번이고 방문했다는 뜻이다.

인간은 단순하면서도 어려운 존재다. 맛있다고 다시 가지 않는다. 허기와 궁기를 넘어선 고난이도 과제. 바로 '사람 마음'을 얻어야 가능하다. 나의 예천 맛집. 참 많다. 그런데 '또또또간집'을 꼽으라고 하면, 선택지가 줄어든다. 하나를 공개해 볼까나.

예천읍 권병원 맞은편에 있는 아라비카. 때로는 혼자, 언젠가는 아들과, 지인과의 모임, 업무상 식사로도 찾았던 곳이다. 생각해 보면 이곳에서의 풍경 잔상은 갈 때마다 기억에 남았다. 첫 방문에서부터 낯섦이 없었다. 재료 원산지 표기를 그 국가의 국기 그림으로 출력해 액자화한 것을 보고 '피식' 웃음이 나왔던 그날. 또또 간 날에는 사장님이 단골손님으로 추정되는 분과 포옹을 하는 장면을 봤다. 신년인사 같았다. 또또또 간 날에는 내가 먹는 스프를 유심히 보면서 다시 리필을 해 주셨다. 유년의 기억이 소환되기도 했고, 친정 엄마가 그리워지기도 했다. 결제 후 매번 웃으면서 나올 수 있었던 이곳을 알고 싶어졌다.

"원래 이 자리에서 카페를 했어요. 10년 넘게 해서 권병원 앞 카페로 기억하는 손님이 많아요. 상호를 바꿀 수 없었던 이유이기도 해요. 원두 이름 중 하나인 '아라비카'. 돈가스로 업종 변경을 한 이유는 단순해요. 제가 좋아해서요. (웃음)"

아라비카에는 커피가 있다? 없다? 정답은 '있다'. 메뉴가 아닌 후식으로. 2007년 문을 연 아라비카는 본래 커피 전문점이었다. 그러다 3년 전, 돈가스와 함박 스테이크 전문점으로 탈바꿈했다. 이혜원 사장은 개업 전 서울·대구·대전·부산의 돈가스 맛집을 여러 곳 다녀 봤다. 그렇게 2년 정도 공을 들인 후에야 정식 메뉴로 선보일 수 있었다고 했다.

아라비카에는 크림스프가 시그니처다. 풍미가 깊다. 우유맛이 나면서도 고소하다. 시중에 파는 스프보다 덜 자극적이고 부드럽다. 반찬도 친근하다. 양배추, 샐러드, 버섯, 브로콜리, 김치 등의 재료가 한데 담겨 나와 식탁을 채운다.

"예천 어르신들이 선호하는 맛이 있더라고요. 거기에 맞춰야 했어요. 시골 분들이 의외로 '단짠' 스타일을 좋아하셔요. 반찬도 경양식이지만 이곳 분들이 선호하는 재료를 넣어 차별화했죠. 서울에서 온 손님이 기억에 남아요. 그분이 일본에 자주 출장을 다니시는데, 일본서 유명한 함박집보다 맛있다고 하셨어요. 그럴 때 정말 뿌듯해요."

이혜원 사장은 남편과 합을 맞춰 일을 한다. 주로 고기 숙성은 남편이, 소스와 야채는 이혜원 사장이 전담한다. 동네 장사라고 허투루 하지 않는다. 특히 여러 과일을 넣은 특제 소스만큼은 매일 만든다. 한 끗 차이도 알아보는 게 손님이라는 신념 때문이다.

늘 웃는 얼굴로 손님을 맞는 데에는 단단한 체력도 한몫한다. 여기에는 '루틴의 힘'이 있다. 헬스와 배드민턴으로 길러진 외면과 외면의 근육의 이야기.

"새벽 4시에서 5시 사이 가게에 나와야 해요. 과일물을 삶아야 하거든요. 그러면 그 후 청소년수련관에 가요. 가서 한 시간 정도 헬스를 해요. 무거운 쇠를 들면서 땀을 흘리면 기분이 좋아요. 체력이 뒷받침되지 않으면 가게 일을 못 하겠더라고요. 퇴근 후에는 배드민턴 동아리에 갑니다. 제가 만든 음식을 드시고 싶다고 찾아오는 손님들을 생각하면 어느 것 하나도 소홀히 할 수가 없어요. 가게에서 일하는 게 정말 좋아요."

가게를 찾은 손님들과 소소하게 살아가는 이야기를 나누며, 온전한 행복을 누리는 모습은 '넘사벽'(넘을 수 없는 사차원의 벽)의 자세였다. 그랬더니 이혜원 사장은 처음부터 이렇지 않았다고 반전을 들려줬다.

인천에서 나고 자란 이혜원 사장은 결혼 후에도 인천에서 줄곧 살았단다. 그러던 어느 날, 예천 출신 남편이 이제 고향에 가서 장사를 해 보자고 말했다는 것이다.

"막상 예천에 와서는 5년 동안 울면서 지냈어요. 적응이 쉽지 않았거든요. 친구를 사귀고 싶은데 용기도 없었지요. 어느 날, 결심했어요. 마음을 열고 살아 보자고요. 그러자 서서히 이곳이 익숙해지더라고요. 제가 스킨십을 좋아해서 손님들에게도 표현을 잘했어요. 저만의 방식대로요."

행복은 마음먹기에 달린 것이라는 진리를 온몸으로 울면서 터득했기 때문일까. 사장님의 웃음에는 자연스러움이 배어났다.

"저에게 가게는 저만의 방이에요. 사랑방 같은 곳. 이곳에서 책도 읽고 밥도 먹고 손님도 맞이하는 그 시간이 설레요. 관엽식물 키우는 재미도 있고요. 손님들의 추억이 차곡차곡 쌓여 있는 가게로 오래오래 남고 싶어요."

가게에 다음에 방문했을 때, 사장님께 '인센스 스틱'을 선물로 받았다. 마음이 가라앉는 날, 향을 피우면 힐링이 된다면서. 집에 와서 스틱을 만지작거렸다. 울고 싶을 때에는 '울어도 된다'고 보듬어 주는 것만 같았다.

비하인드
아쉽게도 지금은 상호명이 바뀌었다. (아라비카 → 돈가츠2007) 사정이 있어서다. 그래도 맛은 여전히 그대로다.

☞ **돈가츠2007**
주소: 경북 예천군 예천읍 시장로 139-1

잠자고 있던 파출소의 변신, 카페 도깨비곳간

일상 루틴 중 하나. 많게는 일주일에 한 번, 적게는 한 달에 한 번. 예천 읍내 노하리 골목을 거닌다. 단골 목욕탕이 있어서다. 사우나+구운 계란+감식초 3종 세트로 찌든 때 쫙 빼고 나오면, 목욕 파우치가 하늘을 찌를 듯 올라간다. 룰루랄라. 오래된 시골 거리가 다르게 보인다. 타임머신을 타고 시간 여행을 떠나면 이런 기분일까. 굵은 궁서체 필체가 죽여주는 금강양복점. 100주년 기념 표지석이 있는 예천교회. 수많은 사람들의 걸음과 애환이 이곳에 나이테로 새겨진 듯 해, 아날로그 감성이 또 살아난다.

내가 이 거리를 씩씩하게 거닐고 있을 때, 누군가도 비슷한 마음으로 활보했다는 걸 알게 되었다. '도깨비 곳간' 카페 사장님이다. 앞에서 언급했던 금강양복점과 예천교회 사이, 근래 카페가 생겼다. '아니, 이곳에?' 본래 오랫동안 잠자고 있던 건물이 그곳에 있었으니, 정체는 구 중앙파출소. 자그마한 정육면체 모양으로, 요즘으로 치면 협소주택 느낌이랄까. 실은 나도 당연히 봤다. 빛바랜 현수막. 건물 새 주인을 찾고 있었다. 애타게 기다린 지도 족히 10년은 지났을 것 같은 느낌의 문구. 정부가 건물 임차권을 공매에 넘긴 지도 오래. 새 주인은 한국자산관리공사가 운영하는 온라인 공매 플랫폼 '온비드'서 낙찰을 받았을 테다.

굳게 닫혀 있던 문이 열리고, 공사가 시작되면서 슬금슬금 호기심이 발동했다. 어떻게 변모할 것인가. 목욕탕을 오며 가며 관찰했다. 어느 날엔 외벽에 흰색 페인트가 다시 칠해지고, 어느 날엔 간판이 올라갔다. 가오픈을 했다던 날, 사진전을 하고 있었다. 구경을 위한 첫걸음. 상상 속의 과거 노하리가 펼쳐지고 있었다. 어디서 구했는지 궁금한 옛 읍내 사진들.

카페 입구 옆에 스티커로 붙여진 문구가 너무 마음에 들어, 사진을 찍어 뒀다. '잊혀 가는 예천을 기록하고 싶습니다. 따뜻한 사람이 모인 예천을 잇고 싶습니다. 추억이 있고, 그리움이 있고, 음악이 있는 아카이빙 노하리 40입니다.' 주최·주관: 도깨비곳간 협동조합. 고개가 끄덕여졌다. 누군가가 했어야 하는 일을, 이들이 하는구나 싶어 뭉클했다. 과거와 현재가 다시 이곳에서 기록되고 살아날 것 같아 기대되었다.

그 후 혼자 또는 지인들을 데리고, 몇 번 더 찾았다. 지인 H는 다른 누구보다도 감격을 했다. 이유인즉, 경찰관인 자신의 남편이 아주 오래전 근무했던 곳이란다. H는 카페의 모든 곳곳에서 최면에 걸린 듯 발길이 멈췄다. 도시재생분야의 박사과정 공부도 도전해봤고, 협동조합을 운영하기도 했던 이력이 있는 H 역시, 공간의 재탄생을 기뻐했다. 마감을 넘겼지만 기어이 이곳을 추가로 넣어야겠다는 내 작은 고집은 H의 해맑음에서 싹텄다. 이제부터는 도깨비곳간 이희연·김윤아 대표에게 들은 '진실의 뒷(?)이야기'다.

"이 골목을 계속 걸어 다녔어요. 원래는 보건소 방향으로만 왔다 갔다 했지, 여기까지는 잘 안 나왔죠. 작년에 신활력 플러스 추진 사업단에서 액션그룹 수업을 듣고 공부하다 보니, 로컬, 그러니까 동네가 눈에 들어왔어요." 그렇게 지금의 카페 자리가 레이더망에 포착되었단다. 내부 구경을 마치고 결정을 내리는 데까지 큰 시간이 걸리지 않았다. 담당자도 놀랄 정도였다고. '안목' 더하기 '실행력'이 있던 셈이다. "그때는 어떻게 보면 미쳤던 거예요. 막막하지 않았어요. 문 열고 들어와 보니 쥐 사체도 있었고 그랬지만, 수리하면 괜찮아질 거라고 생각했어요. 재미있었고 아름다웠어요."

2023년 가을, 철거를 시작했다. 중간에 한 텀 쉬었다가 가오픈으로라도 연 건 올해 5월. "도시재생사업 일환으로 사진전을 열어야 했어요. 부랴부랴 사진전 준비를 했죠. DM을 보내서 좋아하는 팀도 섭외했고요."

카페 오픈은 처음이지만, 환상의 두 짝꿍은 그동안 작고 큼직한 일을 여럿 했다. 호명읍에 제로웨이스트 공간을 만들기도 했었고, 튀르키예 지진 당시 물품을 모으는 데 앞장서 덩치 큰 택배도 보냈다. '씨앗발전소'라는 농산물 브랜드를 만들어 온라인으로 농산물 유통도 시작했다. 작고 큼직한 정부 사업을 받아 이런저런 행사도 진행했다. 한마디로 재주 많은 '인재'다. 둘은 자매가 아니다(오해하는 사람도 있다). 몇 년 전, 호명에서 소각장 환경 활동을 하다 만났다. 연령대는 달라도 관심사와 결이 맞다는 걸 단번에 알아봤다. 그렇게 여기까지 왔다. 예천에서 나고 자라지는 않았지만, 이제는 누구보다도 예천을 사랑하는 예천인이 되었다.

카페 메뉴도 색다르다. '씨앗발전소'서 발품 팔아 구축한 인연으로 구축했다. 메뉴판에 보면 사람 이름이 적혀 있는데, 친근함이 몰려온다. 이를테면, '개포 유진이네 딸기', '보문 영숙이네 생강', '용문 시영이네 오미자'가 그렇다.

이름이 나와서 '도깨비'는 무엇인가 하니, 웃는다. "저희가 유통을 할 때 이곳저곳 도깨비처럼 불쑥불쑥 나타나고 사라져서 '도깨비'라는 말을 들었어요. 그래서 카페 이름 아이디어를 얻었죠."

어떻게 보면, 도깨비곳간 협동조합은 이제 '시작'이다. 각종 문화 행사도 할 수 있을 테고, 메뉴도 늘릴 수 있다. 제일 큰 목표는 공간을 알리는 것이다. 공간의 가치를 알아보는 이들이 늘었으면 하는 것. 조금씩 희망이 보인다. 나의 지인 H와 같은 '산증인'들이 있어서다.

"이곳 문 앞에서 벌을 섰다는 분도 있으시고요. 옛날에는 무서워서 못 들어왔다는 분도 있었고요. 여기 2층에는 철창도 있었어요. 과거를 추억해 주는 이들이 생각보다 많더라고요. 저희가 특별히 좋아하는 공간이요? 큰 도깨비(이희연)는 전봇대가 보이는 카페 문 앞이랑 해가 지는 노을이 보이는 예천교회 방향 창가 쪽이요. 작은 도깨비(김윤아)는 인조석 바닥 계단이요. 계단에 앉아 있으면 너무 좋은데, 이상하게 그때는 손님이 안 오는 것 같아서 아이러니해요. (웃음) 공사하면서 문 앞에서 맥주를 마시기도 했는데 아름다운 추억이 되었어요."

덩그러니 있던 건물의 재발견. 쓸모의 전환. 그곳에서 다시 시작되는 이야기가 기대되는 오후였다.

☞ cafe 도깨비곳간
주소: 경북 예천군 예천읍 효자로 111-1

에필로그

평범하고도 위대한
무명의 일생을 예찬한다

　노마드의 일상, 어쩌다 시골, 읍면리. 시골살이 초반, 읍내에 나갈 때면 자주 멈췄다. 길을 걷다 멈춘다는 것. 그 무의식적 행동에는 많은 것이 담겨 있었다. 때론 의아해서, 때론 귀여워서, 때론 정겨워서. 오래된 담장에 그려진 벽화, 한의원 진료 마치고 옹기종기 정류장에 앉아 있는 할머니들….

　예상치 못한 곳에서의 조우, '뜬금없음'은 일종의 '소확행' 같았다. 누군가는 이를 '읍내 스웩(swag)'이라 칭했다.

　한동안 나는 거의 매일 읍에 나갔다. 골목골목 뜯어보는 재미가 있었다. 구석구석 그려진 벽화로 문화생활을 대신했다. 기웃기웃, 주섬주섬. 때로는 양장점 같은 곳에서 불필요한 소품도 사고, 칼로리 상관없이 이런저런 간식도 사 먹었다. 눈치 보지 않고 오랜 시간 머물 수 있었던 '단샘' 카페와 '청년센터'도 아지트 중 하나였다. 그러다 보니 자연스럽게 인터뷰도 시작했다. 동시에 시골에 사는 사람들을 만났다.

 어느 날, 내가 읍에서 좋아했던 포인트를 인지하게 되었다. 오래된 것들의 사라지지 않음. 어떻게든 희미하게 시간의 무늬를 띄고 남아 있는 것들. 고서적처럼 고수하고 지키는 사람들. 장소와 사람. 촌스럽지 않았다. 아니, 때론 촌스러워서 웃음이 나왔다. 미소가 지어졌다.

 사실, 이런 '고수의 자세'란 쉬운 일이 아니다. 우선 '만족'이 있어야 한다. 누가 뭐라 해도 내 장소를 지키는 것. 오래된 것들을 하소연 없이 바라봐 주는 것. 알 수 없는 미래를 걱정하지 않고, 지나간 과거에 연연하지 않고, 숨 쉬는 지금에 집중해서 사는 것.

 인테리어를 15년 전 했기에 2000년대 초반 분위기가 남아 있는 빵집. 사장님은 말했다. "할 수 있는 데까지 계속 빵집을 지키고 싶어요." 지킴의 역사에는 다부짐이 있었다. (에펠제과)

 또 하나, 무명을 개의치 않는 것이다. 찬사와 명성, 환대보다는 사색과 고독. 자신의 숨 쉴 공간, 그곳에서 생을 이어 가는 것. 하루하루를 보내는 것. 보통의 내 삶을 사랑하는 것.

 오랜 시간(46년), 또 다른 가게, 명찰 휘장 가게를 운영했던 어르신은 말했다. (서울국기사)

"가게가 제 친구예요. 수석도 보면서 관찰하고, TV도 보고, 그러다가 손님도 오고…. 심심찮게 손님이 오니까, 놀이터인 거죠. 일주일에 하루 정도 쉽니다." (웃음)

나는 어르신의 오래된 미싱, 그의 몸과도 같은 미싱을 한참을 바라보았다.

버지니아 울프의 에세이와 문장들을 엮은 《여성과 글쓰기》에서 발견한 '무명의 가치'는 이러하다.

"그의 문장들의 요점은, 명성은 우리를 방해하고 구속하는 반면 무명은 우리를 안개처럼 감싼다는 것이다. 무명은 어둡고 넉넉하고 자유로우며, 우리 마음이 거침없이 갈 길을 가게 해 준다. 무명인의 머리 위에는 자비롭고 충만한 어둠이 쏟아져 내린다. 아무도 그가 어디로 가고 어디에서 오는지 모른다. 그는 진리를 추구하고 그것을 이야기할 수 있다. 그만이 자유롭고, 그만이 진실하고, 그만이 평화롭다. 그리하여 그는 참나무 아래에서 고요한 분위기 속으로 빠져들었고, 땅 위로 노출된 참나무의 단단한 뿌리가 오히려 편안하게 느껴졌다. (중략) 익명으로, 고맙다는 말을 듣거나 이름을 알릴 필요도 없이, 오로지 낮에는 그들의 일을 하고 아마도 밤에는 약간의 맥주를 마시면서. '이 얼마나 멋진 인생인가', 그는 참나무 아래에서 팔다리를 쭉 뻗으면서 생각했다."

《여성과 글쓰기》(버지니아 울프, 북바이북, p. 415~416)

참나무 같은 어르신을 보며, 나는 무명을 찬양하게 되었다. 유튜브에 나온 예천 댓글 중 하나.

"살다 살다 생전 처음 듣는 지역명. 듣보."

이런 댓글도 웃어넘기게 되었다.

무명의 존재들은 세월의 변화를, 시대의 변모를 안타깝게 여기지 않았다. 그러려니 했다.

"예전에는 사람이 많았어요. 예천군에서도 이런저런 행사도 참 많았죠. 체육대회 한 번 하면 새벽에 퇴근했어요. 각 면마다 연맹기를 손수 만들어 줘야 하니까요. 작업 책상 위에 아이들 교복과 체육복이 쌓여 남는 공간조차 없었죠. 초등학교에도 관악부가 다 있어서 모이고 그랬어요. 소 경품 대회도 했는데, 소 등허리에 덮어 주는 가운도 제가 만들었죠."

그들은 바빴던 그 시절을 회상하며 웃었지만, 지금은 노년의 문턱에 서서, 오히려 바쁜 듯 바쁘지 않은 지금이 '딱 맞는다'고 했다. 변화에 적응하는 모습들.

나는 읍에서 촌스러운 풍경들에 자주 시선이 멈췄고, 집으로 돌아오면 나의 일상, 우리 집, 물건, 오래된 것들과 새것들의 균형을 바라보게 되었다. 물건 개수를 세는 것이 아니라, 소독수를 들고 다니며, 어루만져 주고 닦아 줬다.

남아 있는 것들이 영원할 것처럼, 무한 애정을 주게 되었다. 한때 그럴싸한 명함을 기대했던 나는 이상하게도 무명에 다가가고 싶어졌다. 그런 마음을 지닌 날이면, 내 삶에 산적한 근심의 무게가 무뎌지는 듯했다.

이곳, 예천. 하늘 높이 솟은 마천루의 진경은 없다. 그런데 이곳에는 아직도 오래된 자판기가 살아 있다. 작동한다. 이 자판기(아래 사진)는 무명의 존재로서 여전히 제 역할을 해내고 있다. 내가 먹어 봐서 안다. 달콤한 우유(hot)와 커피를. (두 잔 마셔도 천 원이 안 된다.) 여기가 대체 어디냐고? 예천버스터미널 안이다.

서투른 글을 마무리 지을 시간이 왔다. 경북도서관에 '예천' 관련 여행책이 단 한 권도 없어 아쉬움에 시작한 책 쓰기였다. 목표에 다가갔는지 모르겠다. 괜스레 오지랖을 부렸나 싶기도 하다.

그래도 분명한 건, 예천살이의 시간 동안 '내 삶의 질량이 결코 가볍게 느껴지지 않았다는 것이다. 시골은 가없이 넓은 도서관, 공부 장소였다. 시골을 떠나게 되더라도 잊히지 않을 것이다. 그럼 됐다.

끝으로 예천살이를 하며 만나고 나눴던 모든 인연에게 마음을 담아 따뜻한 감사의 인사를 전하고 싶다.

2024년 11월, 예천에서